단단한
행복

아리스토텔레스에게 배우는 행복에 관한 철학 수업

단단한
행복

양현길 지음

일러두기

- 본문 내 중요 이론은 원어인 고대 그리스어 대신 이해를 돕기 위해 영어식으로 병기하였다.
- 인용 문구는 저자가 직접 번역하였다.

아리스토텔레스는 누구인가?

아리스토텔레스^{Aristotle}는 기원전 384년 고대 그리스의 한 작은 도시인 스타게이로스에서 태어났다. 호기심 많고, 자연을 관찰하며 스스로 질문을 던졌던 소년이었다. 아버지 니코마코스는 마케도니아 왕실의 주치의였는데, 어린 아리스토텔레스는 아버지가 약초를 다루고 사람을 치료하는 모습을 보며 자연과 생명에 대한 깊은 호기심을 키웠다. 그는 단순히 자연을 보는 데 그치지 않고 항상 "왜?"라는 질문을 던졌다. 그의 호기심은 곧 철학적 탐구의 씨앗이 되었다.

17세에 아테네로 간 아리스토텔레스는 플라톤^{Plato}의 아카데미에 입학한다. 플라톤은 '이데아', 즉 완벽한 이상 세계가 모든 현실의 근본이라고 가르쳤지만, 아리스토텔레스는 "왜 우리는 눈에 보이지 않는 이상이 아니라, 지금 우리가 발을 딛고 있는 현실에

주목하지 않을까?"라는 의문을 품게 된다. 스승과의 철학적 차이
는 결국 그를 새로운 길로 이끄는 계기가 된다.

플라톤이 죽은 뒤 아리스토텔레스는 마케도니아 왕실로 돌아
가 알렉산드로스 대왕을 교육하며 그의 지혜를 전달한다. 단순히
학문만 가르친 것이 아니라 삶의 목적과 정치의 이상, 인간의 본
성에 대해 심도 깊은 질문을 던졌다. 알렉산드로스가 동·서양을
통합한 제국을 건설하며 역사를 새로 쓸 때, 그의 사상적 배경에
는 아리스토텔레스의 가르침이 녹아 있었다.

다시 아테네로 돌아온 아리스토텔레스는 자신의 학문 기관인
리케이온을 설립한다. 리케이온은 단순한 학교가 아니었다. 학생
들은 아리스토텔레스와 함께 걸으며 대화하는 '산책 철학(소요파)'
을 통해 세상을 배우고, 함께 연구한다. 이곳에서 그는 철학, 윤
리학, 정치학, 생물학, 문학 등 모든 분야를 탐구하고, 인간이 이
해할 수 있는 거의 모든 주제를 다루며 학문의 영역을 끝없이 확
장했다.

아테네에서 정치적 위기가 닥치자, 아리스토텔레스는 아테네
인들이 소크라테스Socrates를 죽였듯 또 다른 철학자를 죽이는 죄
를 짓게 하고 싶지 않다며 고향 근처인 에우보이아 섬으로 물러
난다. 기원전 322년, 조용히 생을 마감했지만 아리스토텔레스의
사상은 2,000년이 지난 지금도 현대인의 삶 속에 깊이 뿌리내려
있다.

그의 논리학은 과학적 사고와 연구 방법론의 기초가 되었고, 정치철학은 민주주의와 법치의 근간을 이루었으며, 예술과 문학에서는 그의 시학이 여전히 창작의 기본 원칙으로 활용된다. 심지어 그의 행복론은 오늘날 자기계발서와 심리학에서도 자주 언급되며 좋은 삶이 무엇인지 고민하는 이들에게 방향을 제시한다.

아리스토텔레스는 학문을 이론적 논의에 머물게 하지 않았다. 그가 건넨 모든 질문의 중심에는 "인간은 왜 사는가?"라는 근본적인 물음이 있었음을 기억해야 한다.

프롤로그

행복한 사람의 세계는
불행한 사람의 세계와 다르다 _비트겐슈타인

행복이란 과연 무엇일까요? 우리는 여기서 잠시 관점을 바꾸어, 행복에 반대 분야에 해당하는 불행이나 고생, 어려움 등이 무엇인지로 질문을 다시 해 봅시다.

단순하게는 출근하기 싫은 아침을 맞이하는 일부터 시작해 여러 인간관계를 겪고 성과에 대한 압박을 받으며 직장을 다니는 등 수없는 괴로움을 매일 겪으면서 살아가고 있다는 것이 떠오를 것입니다.

조금 더 인생을 살고 결혼을 하여 아이를 낳게 된다면 육아를, 경제적으로나 사회적으로 힘든 상황에서 노후도 대비해야 합니다. 산다는 건 참으로 고생의 연속이네요.

하지만 이 많은 고생이 다 불행하기만 한 걸까요? 이렇게 괴롭기만 하다 끝나는 건가요? 아닙니다. 이 경험들 가운데 일부는 추

억이 되어, 되돌아보면 보람 있고 성취감이 남는 기억으로 바뀌
게 될 때가 있습니다.

저의 경우에는 육아가 그러했습니다. 쌍둥이 아들 둘을 육아하
면서 먹는 것과 자는 것도 제대로 하지 못하고, 아이들이 아파 병
원에 입원하기라도 하면 마음까지 괴로워 너무 힘들었죠. 아이들
이 보호자로서의 인생은 매일 매일이 나의 한계를 시험하는 일의
연속이었습니다.

그런데 참 신기합니다. 아이들이 조금 더 크고 나서 그때의 일
들을 되돌아보면 행복하다는 감정밖에 남질 않는 겁니다. 이상한
일이지 않나요? 힘든데 행복하다니요. 저는 아리스토텔레스의 행
복에 관한 여러 이론들을 보며 왜 이 힘듦이 행복으로 바뀌었는
지 알게 되었습니다. 육아는 단순한 수단이 아니라 그 자체로 목
적이 될 수 있는 일이었기 때문입니다.

"행복이란 삶의 의미이자 목적이요, 인간 존재의 총체적 목표이
자 끝이다."
Happiness is the meaning and the purpose of life, the whole aim
and end of human existence.

아리스토텔레스는 인간의 삶에서 수단이 아닌 목적을 추구할
때 비로소 진정한 행복에 도달한다고 말했습니다. 저의 경우에

빗대어 생각해 보면, 육아 초기에는 아이들을 잘 키우기 위해 무
엇을 해야 하고 어떤 계획을 세워야 하는지에만 계속 몰두한 것
입니다.

그러나 아이들이 웃는 모습을 바라보는 순간이나 서로 손을 꼭
잡고 잠든 모습을 지켜보는 시간은 그 자체로 저를 행복하게 만
들었고, 제 삶의 목적으로 삼아야 할 가치가 무엇인지 깨닫게 해
준 것입니다.

아리스토텔레스의 생각들은 인생의 방향을 알려주는 데 매우
유용합니다. 그가 고민했던 인생에 관한 수많은 통찰이 무수히
많은 철학자와 과학자의 생각이 덧붙여지며 2,000년이 지난 지금
까지도 계속해서 이어지고 있기 때문입니다.

왜 아리스토텔레스의 생각들이 지금 이 시대에도 계속해서 사
람들에게 도움을 줄 수 있는 걸까요? 아리스토텔레스는 세 가지
키워드를 통해서 우리에게 인생을 방향을 알려주기 때문입니다.
바로 목적, 행복, 현실주의입니다.

첫째, 그는 현실주의자로서 구체적 사실과 경험을 중시했습니
다. 그는 스승인 플라톤이 주장한 이상주의적인 생각과는 다른
관점을 취했죠. 플라톤은 눈에 보이지 않는 이상적 세계, 즉 이데
아를 탐구했습니다.

반면에 아리스토텔레스는 눈으로 확인할 수 있는 현실 세계에

집중했습니다. 그는 우리 주변에서 관찰할 수 있는 것들, 사람의 행동, 자연의 움직임, 사회의 구조에서 답을 찾으려 했습니다.

현실적으로 세상을 보는 것은 우리가 일상에서 마주하는 여러 가지 문제를 해결하는 데 실질적인 도움을 줍니다. 아리스토텔레스는 이를 위해 경험과 관찰을 중시하며, 구체적인 사실에 기반한 사고를 강조했습니다. 그리고 인생에서 발생할 수 있는 문제들에 대하여 판단하고 행동할 수 있는 방법들을 알려주었습니다.

대표적인 개념이 과도함과 부족함 사이에 적절한 균형을 찾는 '중용'입니다. 아리스토텔레스는 인간이 무언가를 선택하고 실천할 때 극단적인 것들을 피하고 적절한 행동을 하는 게 중요하다고 강조했습니다.

둘째, 모든 것이 고유한 목적을 가지며, 더 중요한 목적을 추구해야 한다고 가르쳤습니다. 씨앗은 나무가 되는 것을 목표로 하고, 인간도 행동들에 각자의 목적이 있습니다.

아리스토텔레스는 모든 목적이 동일한 가치를 가지는 것은 아니며, 다양한 목적 가운데에서도 더 중요한 목적이 있다고 강조했습니다. 일상생활의 여러 행동 뒤에 있는 목적들이 건강, 자유, 즐거움, 인생의 의미 등 더 큰 목적과 연결될 때 우리의 삶은 더욱 풍요로워집니다.

아리스토텔레스는 묻습니다. "당신이 추구하는 다양한 목적

중, 진정으로 중요한 것은 무엇인가?"라고 말입니다. 그는 우리가
삶에서 더 큰 목적에 초점을 맞출 때 비로소 의미 있고 가치 있는
삶을 살아갈 수 있다고 가르칩니다. 우리의 모든 행동은 궁극적
인 목적을 위한 길잡이가 되어야 하고, 그 목적이 우리의 삶을 이
끌어가는 나침반 역할을 하게 하는 것입니다.

셋째, 아리스토텔레스는 행복에 대해 깊이 고민했습니다. 그의
대표적인 저서인《니코마코스 윤리학》에서 행복이란 무엇이며,
어떻게 그것을 향해 나아갈 수 있는지를 끊임없이 질문하고 자신
만의 답을 찾았습니다.

아리스토텔레스는 인간의 궁극적인 목적은 '행복'에 있다고 주
장했습니다. 그러나 그가 말한 행복은 단순히 순간적인 쾌락을
추구하거나 물질적인 부를 축적하는 데 그치지 않습니다.

그는 행복을 '인생 전체의 종합 평가'로 보았습니다. 즉, 행복은
단기간의 성취가 아니라, 한 사람이 평생 동안 지속적으로 덕을
실천하고 올바른 삶을 살아가는 과정에서 이루어지는 것입니다.

그래서 아리스토텔레스는 행복이란 단순한 결과물에 그치는
것이 아니라 인생에서 어떻게 행동하는지와 깊이 연결되어 있다
고 보았습니다. 우리가 어떤 행동을 지속적으로 하느냐에 따라
행복한지가 결정된다는 뜻입니다. 내가 반복해서 하는 행동이 나
라는 사람이 누구인가를 결정하고, 결국 나의 인생을 결정하게

되기 때문입니다.

이 책을 통해 아리스토텔레스가 행복에 관해 어떻게 생각했는지, 또 그러한 삶을 살기 위해 우리가 알아야 하는 것들은 무엇이 있는지를 좀 더 자세하게 이야기하려 합니다.

1장에서는 아리스토텔레스의 '행복론'을 중심으로, 우리의 행복을 어떻게 단단하게 만들 것인지 먼저 살펴봅니다. 자족성과 목적성, 총체성, 관조, 필리아의 네 가지 키워드를 통해 '왜 행복해져야 하는가'라고 묻는 법, 행복의 진짜 의미, 몰입과 행복의 관계, 타인과의 관계 등을 이야기합니다.

2장에서는 아리스토텔레스가 강조한 '중용'을 중심으로, 불행하지 않으려면 기억해야 할 지혜를 알려줍니다. 중용, 실천적 지혜, 절제, 용기의 네 가지 키워드가 말하는 진짜 의미가 무엇인지, 우리는 이제껏 무엇을 잘못 알고 있었는지 짚어 볼 것입니다.

3장에서는 아리스토텔레스가 말한 '이성과 감정'을 중심으로, 인생을 살며 넘어지지 않는 방법을 이해해 보려 합니다. 감정론, 이성적 자기애, 책임론, 죽음의 네 가지 키워드를 따라 인생의 균형을 잡는 방법에 대해 살펴보겠습니다.

4장에서는 아리스토텔레스 철학의 첫 번째 주요 주제이기도 했던 '형이상학'을 중심으로, 중요한 것이 멀리 있지 않다는 사실을 다시 한번 일깨우려 합니다. 제1원칙, 형상과 질료, 목적론, 귀납

법, 범주론을 통해 세상의 근본과 인생의 본질을 이야기해 보겠
습니다.

마지막 5장에서는 아리스토텔레스가 연구한 수사학, 시학, 정
치학에 이르기까지 다양한 분야를 소개합니다. 수사학, 모방과
창조, 자유인, 현실적 접근법 등 우리의 삶을 행복하게 완성하기
위해 조금 더 알아두면 좋을 것들을 살펴봅니다.

이 수많은 이론들을 통해 아리스토텔레스가 우리에게 묻는 것
은 결국 "당신의 행동은 행복이라는 궁극적 목적을 향해 나아가
고 있는가?" 하는 질문입니다. 이 질문은 우리가 실천을 통해 삶
을 더 의미 있고 가치 있게 만드는 데 필요한 지침이 됩니다. 우
리의 삶은 단지 살아가는 것이 아니라, 행복이라는 목적을 향해
나아가는 여정임을 깨닫게 하기 때문입니다.

우리는 모두 순간순간 찾아오는 인생의 파도에 휩쓸리지 않는
단단한 삶을 원합니다. 그러려면 오늘은 행복하지만 내일은 바로
불행해지는 롤러코스터 같은 삶 대신 지속적인 행복을 누릴 수
있도록 준비해야 하겠죠.

이를 위해 아리스토텔레스가 강조한 것들은 인생의 목적을 명
확히 세우고, 현실을 이성적인 눈으로 정확히 바라보며, 모든 선
택과 행동이 궁극적으로 행복으로 귀결될 수 있도록 해야 한다는
것이었습니다.

　살면서 부딪치는 수많은 문제에 부딪칠 때마다 아리스토텔레스가 강조한 다음의 세 가지 질문을 기억하고 스스로에게 물어봅시다.

　"냉정한 현실 속에서 어떻게 살아가야 할까?"
　"나는 무엇을 위해서 살아가는 걸까?"
　"행복하려면 어떻게 해야 할까?"

　삶의 방향과 중심을 확립하면 순간적인 감정에 휘둘리지 않고 안정적이고 단단한 행복을 누릴 수 있게 됩니다. 아리스토텔레스의 철학은 이런 단단한 행복을 찾아가는 데 강력한 지침이 되어줄 것입니다.

양현길

차례

1장 우리의 행복도 단단해질 수 있다
행복론

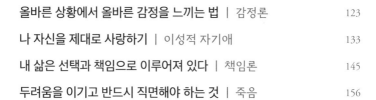

4장 중요한 것은
가장 가까이에 있다
형이상학

5장 행복한 삶을 완성하는 것들

수사학, 시학, 정치학

1장

우리의
행복도
단단해질 수 있다

행복론

"왜?"라고 질문해 보면
행복해질 수 있다
자족성과 목적성

---◇---

행복은 다른 어떤 것을 위해 선택하지 않고,

언제나 그 자체로 선택한다.

《니코마코스 윤리학》

　자그마한 손과 발, 통통한 볼, 따뜻한 냄새… 아이를 보고 있으면 마음이 참 행복해집니다. 16세기 대표적 인문학자인 데시데리우스 에라스무스는 아이들을 두고 "모든 아이들은 별이고 그들의 존재 자체로 빛을 뿜는다"라고도 말했죠.

　하지만 아이의 사랑스러움과는 별개로, 육아 자체는 정말 고생입니다. 아기를 돌보느라 잠도 제대로 못 자고, 스스로 할 수 있는 것이 거의 없는 아기를 위해 기저귀를 갈고, 밥을 먹이고, 트림을 시키고, 목욕을 시켜야 합니다. 잘 놀다가 갑자기 심통 난 아이를 달래는 것과 재우는 것까지도 부모의 몫입니다. 이렇게 부모의 일상은 일과 육아로만 가득 차고, 나를 위한 여유가 언제 있었는지조차 잊어버릴 만큼 시간이 부족해집니다. 비용 문제도 부모에게는 큰 부담이죠.

이처럼 고생스러운 육아에도 불구하고 많은 부모는 육아가 행복하다고 말합니다. 힘들고 괴로운 순간이 많지만, 아이를 키우며 지금까지 삶에서 경험해 보지 못한 의미 있는 순간들을 많이 경험한다는 것이죠. 더 나아가 첫째 아이 때문에 힘들었음에도 불구하고 둘째를 생각하는 부모들도 있습니다. 도대체 왜 부모들은 육아가 고통스러워도 '행복하다'라고 말할 수 있는 걸까요?

해답은 그리스 철학자 아리스토텔레스가 설명하는 '행복'에서 찾을 수 있습니다. 아리스토텔레스가 말하는 행복은 "내 인생에서 진짜 행복은 무엇일까?"라는 질문의 답이 될 수 있습니다.

우리가 기억해야 하는 행복의 두 가지 요소

아리스토텔레스는 행복이 두 가지 특징을 갖고 있다고 말합니다. 바로 '자족성 自足性'과 '목적성 目的性'입니다.

첫 번째 특징인 자족성은 스스로가 충분히 만족할 수 있는 상

태를 말합니다. 이는 다른 보상이나 칭찬 같은 외부 요소에 의존
하지 않고 그 자체로 만족스럽다는 뜻이죠.

> "그것만으로 선택할 만한 삶이 되고, 부족한 것이 전혀 없는 것을
> 자족성 있다고 정의하겠다. 그리고 우리는 행복이 바로 그런 것이
> 라고 생각한다."
>
> 《니코마코스 윤리학》

예를 들어, 내가 좋아하는 취미 활동을 떠올려 보면 됩니다. 어
떤 사람은 낚시나 등산을 할 때 그 일을 하는 자체로 보람을 느끼
고 기분이 좋아집니다. 또 어떤 사람은 책을 읽거나 그림을 그리
면서 행복을 느끼죠. 이러한 활동들은 굳이 칭찬을 받거나 상을
받지 않아도 그 자체로 즐겁고 만족스러운 것이라고 할 수 있습
니다.

육아의 경우도 마찬가지입니다. 아이가 건강하게 잘 자라는 모
습을 보는 것만으로도 부모는 충분한 행복을 느낍니다. 아이가
부모에게 물질적 보상을 주거나 돈을 벌어오는 것도 아니지만,
그저 웃고 뛰어노는 모습을 보면 이유 없이 기분이 좋아지기 때
문입니다. 이를 통해 육아는 그 자체로 부모에게 행복을 선사하
는 자족성을 지녔다고 볼 수 있습니다.

즉, 행복이란 외부적인 조건에서 오는 게 아니라 내가 하는 활

동 자체에서 오며, 그 활동을 통해 스스로 만족하는 상태라고 말할 수 있습니다. 누군가의 칭찬을 받거나 상을 타야만 행복하다고 생각한다면 그 행복은 다른 사람의 반응에 따라 달라지는 것입니다. 하지만 자족성은 좋아서 하는 일 자체에서 스스로 느끼는 만족이기 때문에 다른 사람의 반응에 영향을 받지 않습니다.

나의 행복이 외부조건에 의존되어 있다면 그 행복은 불확실할 수밖에 없습니다. 만약 그림을 그리는 것을 좋아하는 사람이 다른 사람의 칭찬이나 전시회에서 상을 받는 것을 행복의 조건이라 생각한다면, 그 기대가 충족되지 않을 때 실망할 가능성이 큽니다. 누군가로부터 칭찬을 받을 수 있는지 여부는 매우 불확실하기 때문입니다.

또한, 같은 칭찬이라도 사람마다 기준이 다르기에 누군가는 좋다고 느낄 수 있지만 다른 누군가는 별로라고 느낄 수 있습니다. 그러나 단순히 그림을 그리는 과정이나, 색을 섞고 붓을 움직이며 그림을 그리는 그 자체에서 창작의 기쁨을 느낀다면 상이나 칭찬이 없어도 그 활동은 큰 만족을 줄 겁니다.

결론적으로 자족성이라는 건 내가 안정적이고 지속적으로 행복을 느낄 수 있게 만드는 중요한 특징입니다.

두 번째 특징은 목적성입니다. 아리스토텔레스는 행복이 인생의 최종 목적이라고 말했습니다. 여기서 최종 목적이라는 말은 더 이상 추가할 필요가 없는 궁극적인 목적이라는 뜻입니다.

"행복은 다른 어떤 것을 위해 선택하지 않고, 언제나 그 자체로
선택하기 때문이다."

《니코마코스 윤리학》

다시 말해, 행복보다 더 중요한 일은 없으며, 다른 무언가를 위
해서가 아니라 그 자체로 원하는 일이 되어야 한다는 것입니다.

예를 들어, 아이를 키우다 보면 '인생에 이보다 더 중요한 일이
있을까?'라는 생각을 하게 됩니다. 육아는 그만큼이나 인생의 최
종 목적처럼 느껴집니다. 중요한 직장 생활이나 취미 생활을 하
지 못하게 되는 아쉬움을 육아에서 오는 행복이 다 덮어버리는
것과 같죠.

반면에, 돈은 반대의 성격을 가지고 있습니다. 돈은 언제나 다
른 무언가를 얻기 위한 수단일 뿐이지 그 자체가 목적이 될 수는
없습니다. 돈이 많으면 더 많은 자유 시간이나 더 많은 여행을 경
험할 수 있고, 어쩌면 마음껏 직장 그만두기를 꿈꿀 수도 있습니
다. 이는 돈 자체가 목표가 아니라 다른 것을 이루기 위한 도구일
뿐이라는 증거입니다.

그래서 육아를 할 때 '돈이 좀 더 있었으면 좋겠다'라고 생각한
다면 그것은 돈 자체가 목적이 아니라 아이를 더 잘 키우는 것이

목적이 됩니다. 아이가 더 좋은 교육을 받고, 더 좋은 것을 먹고, 더 좋은 것을 봤으면 하는 마음에서 돈이 필요해지는 것이죠. 이렇게 육아는 인생에서 가장 우선순위가 높은 일이 되고, 이 때문에 육아가 행복해질 수 있는 것입니다.

물론 육아만이 유일한 행복의 길은 아닙니다. 누군가에게는 사업이 될 수도 있고, 여행이 될 수도 있으며, 자유나 세상을 향한 긍정적인 영향 같은 가치일 수도 있고, 음악, 미술, 글쓰기처럼 무언가를 창조하는 활동일 수도 있습니다.

인생에는 무수히 많은 행동만큼 다양한 목적이 존재합니다. 아리스토텔레스는 모든 목적이 똑같은 가치를 가지고 있는 것은 아니라고 말합니다. 인생에서 추구하는 목적들은 중요도에 따라서 순위가 다를 수 있고 상위 목적 아래에 다양한 하위 목적이 있습니다. 그리고 그 상위 목적 위에는 가치가 더 높은 목적들이 있습니다.

이렇게 목적이라는 사다리를 계속해서 거슬러 올라가다 보면, 우리는 인생의 최종 목적이 있는 자리에 도달하게 됩니다. 상위 목적보다 한차원 높은 가치를 우리는 최종 목적이라 부릅니다. 이 최종 목적에 바로 행복이 있습니다. 인생에서 제일 가치가 있고, 중요하게 생각해야 하는 것이죠. 그래서 '이보다 더 중요한 게 있을까?'라고 물었을 때 답변하기 어렵게 만드는 '이것'이 바로 나를 행복하게 만드는 인생의 최종 목적이 되는 것입니다.

　누군가는 사람마다 중요하게 생각하는 게 다른데 어떻게 행복이 모두의 최종 목적이 될 수 있느냐고 물을 수도 있습니다. 물론 사람마다 중요하게 생각하는 것이 다르고, 행복의 형태 역시 사람마다 다를 수 있습니다. 하지만 행복을 추구한다는 사실은 인간이라면 모두 동일합니다. 다만 행복을 표현하는 방식이 문화, 나이, 성별, 개인적 경험에 따라 다르게 나타날 뿐입니다.

　이는 아리스토텔레스뿐만 아니라 현대 심리학에서도 주요하게 주장하는 내용 중 하나입니다. 어떤 사람은 여행을 통해 행복을 느낍니다. 새로운 환경을 탐험하고 다른 문화와 사람들을 만나는 과정에서 얻는 자극과 배움이 그들에게 큰 기쁨을 줍니다. 어떤 사람은 가족과의 시간을 통해 행복을 느낍니다. 아이들과 함께 놀이를 하거나 배우자와 대화를 나누는 시간은 정서적 안정과 만족감을 제공합니다.

　심지어 같은 활동이라도 개인의 성향에 따라 느끼는 행복의 강도나 종류가 다를 수도 있습니다. 누군가는 음악을 듣는 것을 통해 심리적 안정감을 느끼고, 누군가는 직접 악기를 연주하면서 창의적인 기쁨을 느낄 수 있습니다.

　긍정 심리학의 대표 학자인 에드 디너 Ed Diener 는 삶의 만족과 행복의 주관적인 본질을 연구했습니다. 그의 연구는 행복이 문

화, 인종, 성별과 관계없이 인간의 보편적인 목표라는 점을 뒷받
침합니다. 특히, '주관적 웰빙 subjective well-being'이라는 개념을 통
해 사람들이 행복을 느끼는 방법은 다를 수 있지만, 행복 그 자체
를 추구하는 본성은 동일하다는 점을 입증했습니다.

결국 아리스토텔레스가 말하는 행복은 인생에서 가장 중요한
것을 찾아내고 그 일을 하는 것 자체에 있습니다. 사람마다 중요
한 것은 다르지만 우리 모두는 결국 행복을 추구할 뿐이며, 순간
적인 기쁨보다는 나만의 중요한 목적을 발견하여 그 목적을 위해
삶 전체를 살아가는 것이라고 말합니다. 그렇게 하면 인생이라는
긴 시간 속에서 더 많은 행복의 지점을 채우게 된다는 것이죠.

내 삶에서 가장 중요한 것을 찾는 법

아리스토텔레스가 말하는 행복의 특징에서 핵심은 내가 지금
하고 있는 일들이 그 자체로 만족스러운지 확인하는 일입니다.
즉, 내가 왜 이 일을 하고 싶은지 스스로에게 물어보는 과정이 필
요합니다.

"왜 나는 돈을 벌고 싶지?"
"왜 나는 직장을 다니고 있지?"

"왜 나는 가족과 함께하지?"

　이렇게 "왜?"라는 질문을 계속해서 던지는 겁니다. 바쁘게 살아
가는 나 자신을 잠시 멈추고 "왜?"라는 질문을 던지는 것은 내가
진정으로 원하는 삶이 무엇인지 알아내는 마법 같은 질문입니다.
질문을 통해 답을 찾는 과정은 아리스토텔레스의 스승(플라톤)의
스승인 소크라테스가 자주 사용했던 방법입니다. 소크라테스는
사람들과의 질문과 답변을 통해 철학적 진리를 탐구했고, "왜?"라
는 질문을 통해 우리 삶의 진리를 밝혀내고자 했습니다.

　"나는 그저 질문을 할 뿐이다. 나는 결코 지식을 주장하지 않는
　다. 나는 무지할 뿐, 오직 질문을 던질 줄 안다."

플라톤, 《소크라테스의 변명》

　스스로에게 친절하게 "왜?"라는 질문을 던져 봅시다. 내 안에
숨겨진 진짜 중요한 것들을 발견할 수 있을 거예요. 왜 돈을 벌어
야 하는지, 왜 그렇게 바쁘게 살아가는지 자신에게 질문을 던지
면 누군가는 건강을, 누군가는 자유 등을 이야기할 겁니다. 이때
떠오르는 생각들이 내 인생에서 중요한 것들입니다. 그리고 왜
그 생각이 떠오른 건지, 왜 그게 그렇게 중요한 건지 계속해서 질
문을 던져 보면 됩니다.

저 역시 스스로에게 이러한 식으로 질문을 던져 보았습니다. 왜 돈이 필요한지, 그것으로 무엇을 할 것인지 등등 꼬리에 꼬리를 무는 질문을 통해 제가 진짜 행복을 느끼는 순간까지 질문이 나아갔을 때, 결국 중요하게 생각하는 것은 가족과 함께하는 시간이라는 것을 알 수 있었습니다. 다시 말해, 이렇게 정신없이 바쁘게 일하고 돈을 버는 이유는 가족들과 함께하는 시간을 통해서 인생의 의미를 느끼는 데 있었던 겁니다. 그 안에서 느끼는 안정감이 제가 궁극적으로 바라는 인생이었습니다.

"왜?"라는 질문은 내 안에 깊이 숨겨진 진정으로 중요한 것을 찾는 데 도움을 줍니다. 지금 내가 살아가는 본질적인 이유와 삶의 진정한 목적을 발견하게 되는 것이죠. 이 질문을 통해 나의 행동과 선택들은 결국 삶에서 추구하고자 하는 목적과 연결되어 있다는 것을 알게 됩니다. 그리고 그 목적이 바로 아리스토텔레스가 말하는 행복으로 가는 길이 되는 것입니다.

· 행복은 외부 보상이 아닌, 내가 하는 활동 자체에서 오는 만족에서 비롯된다는 '자족성'을 지닌다.
· 행복은 다른 무언가를 위한 수단이 아니라, 그 자체로 선택되는 삶의 궁극적인 목표라는 '목적성'도 가진다.
· 사람마다 행복을 느끼는 방식은 다를 수 있지만, 행복은 모든 인

간이 추구하는 보편적 목표이다.

· 내가 하는 활동의 목적에 대해 스스로에게 "왜?"라는 질문을 던
져 보는 것이 인생의 궁극적인 목적을 찾는 길, 즉 행복한 인생
을 위한 방법이다.

행복은 다른 어떤 것을 위해 선택하지 않고,

언제나 그 자체로 선택한다.

행복은 다른 어떤 것을 위해 선택하지 않고,

언제나 그 자체로 선택한다.

세상에서 가장 행복한 사람은 누구인가

총체성

◇

제비 한 마리가 찾아온다고 해서 봄을 만들어 내는 게 아니고,
하루만에 봄이 갑자기 찾아오는 것도 아니듯,
사람도 갑작스럽게 느닷없이 행복해지지는 않는다.

《니코마코스 윤리학》

요즘 사회에는 다양한 즐길 거리가 넘쳐 납니다. 스마트폰으로
짧은 동영상을 보고, 온라인 게임을 하고, SNS를 통해 손쉽게 재
미를 찾습니다. 웃음을 주는 콘텐츠, 친구들과의 메신저 대화, 인
터넷 밈meme, 인기 예능 프로그램 등은 일상 속 스트레스를 해소
하고 활력을 주지요. 웹소설과 웹툰 같은 콘텐츠도 한번 빠져들
면 시간 가는 줄 모르게 만듭니다.

특히 한국 사람들은 빠르게 변하는 트렌드에 민감하고, 새로운

콘텐츠를 생산하는 데 뛰어난 능력을 보입니다. 클릭 한 번으로 원하는 재미를 얻는 환경과 세계 최고 수준의 인터넷 속도가 한국 사회를 더욱 역동적으로 만들었죠.

여기에서 더 나아가, 배달 음식은 20분 만에 도착하고, 전날 주문한 상품은 다음 날 새벽에 받을 수 있는 등 빠른 서비스도 즐거움의 일부가 되고 있습니다. 이러한 '빠름의 문화' 덕분에 우리는 끊임없는 즐거움 속에서 살아 갈 수 있게 된 것입니다.

이처럼 풍부한 즐길 거리와 무엇이든지 빠른 한국 사회는 얼핏 보면 매우 흥미롭고 만족스러워 보입니다. 하지만 재미가 넘쳐 나는 세상에 사는 한국인은 행복하다고 말하고 있나요? 분명 재미있는 것들이 점점 더 많아지고, 더 편리해지며, 원하는 것을 빠르게 얻을 수 있음에도 우리는 더 불안해하고 우울해합니다. 왜 그러는 걸까요? 아리스토텔레스가 말하는 행복의 또 다른 특징에서 우리는 그 답을 찾을 수 있습니다.

마지막에 가서야 비로소 알 수 있는 것

아리스토텔레스가 말하는 행복은 우리가 흔히 생각하는 순간의 기쁨이나 즐거움을 의미하는 것이 아닙니다. 아리스토텔레스는 행복을 인생에 대한 일종의 '종합 평가'라고 생각했습니다. 오늘 내가 행복하더라도 그것은 진정한 행복이 아니라는 것입니다. 그는 행복한지 아닌지 여부는 인생 전체를 보아야만 알 수 있다고 말합니다. 행복이란 인생에 걸쳐 꾸준히 유지되는 상태이며, 인생의 다양한 요소들을 골고루 달성하고 실천하면서 쌓은 것들을 종합하여 결정된다고 했습니다.

이러한 행복의 속성을 잘 설명하는 이야기가 있습니다. 바로 고대 그리스 철학자 솔론과 리디아의 왕 크로이소스의 이야기입니다. 크로이소스는 리디아 왕국의 부유한 왕으로, 막대한 재산과 권력을 자랑하며 자신이 세상에서 가장 행복한 사람이라고 믿었습니다. 어느 날 그는 지혜로운 현자 솔론을 자신의 궁정으로 초대하고 부와 권력을 자랑하며 "세상에서 가장 행복한 사람이 누구인가?"라고 물었습니다. 크로이소스는 솔론이 자신을 꼽아 줄 것이라고 기대했지만 대답은 전혀 달랐습니다.

솔론은 텔로스라는 평범한 시민을 예로 들었습니다. "텔로스는 평생을 건강하게 살았고, 자녀를 훌륭히 키웠으며, 조국을 위해 명예롭게 죽은 사람이었습니다. 텔로스가 행복한 이유는 그의 삶이 올바르고 명예로웠기 때문입니다"이라고 설명합니다.

크로이소스는 이 대답에 실망했지만, 다시 솔론에게 "그렇다면 세상에서 두 번째로 행복한 사람이 누구인가?" 하고 묻습니다. 이번에 솔론은 클레오비스와 비톤이라는 두 형제를 언급합니다. 그

들은 어머니를 공경하고 훌륭한 일을 한 뒤 편안하게 죽음을 맞
이한 사람들이었기에 행복하다고 말합니다.

크로이소스는 계속해서 자신의 이름이 나오지 않자 불만을 품
고 왜 자신이 행복한 사람으로 꼽히지 않는지 묻습니다. 이에 솔
론은 "행복은 살아 있는 동안 쉽게 판단할 수 없으며 인생의 끝을
보기 전에는 그 사람이 진정으로 행복한지 알 수 없습니다."라고
답합니다. 인생은 예측할 수 없는 변화를 겪으며, 아무리 부유하
고 권력 있는 사람이라도 인생의 마지막 순간까지 그가 행복한지
판단할 수 없다는 것입니다.

두 사람의 대화로부터 몇 년이 지나 크로이소스는 페르시아 제
국의 키루스 대왕과의 전쟁에서 패배하고 사형을 선고받습니다.
화형대에 묶여 죽음을 앞둔 순간, 크로이소스는 '죽기 전까지는
아무도 행복하다고 말할 수 없다'라던 말의 진리를 깨닫고는 "솔
론! 솔론! 솔론!"이라고 외칩니다. 크로이소스의 외침을 들은 키
루스 대왕이 그 이름의 의미를 물었고, 크로이소스는 솔론과의
대화를 이야기해 주었습니다. 이를 통해 인간의 운명이 얼마나
쉽게 뒤바뀔 수 있는지 깨달은 키루스는 크로이소스를 불쌍히 여
겨 그의 생명을 구해 줍니다.

이 이야기에서 알 수 있듯이, 인생은 한 치 앞도 알 수 없는 여
정입니다. 오늘 내가 행복하다고 생각하더라도 내일 불행해진다

면 그것은 종합적으로 보았을 때 진정한 행복이라고 말할 수 없습니다. 또한, 행복이란 한순간의 기쁨이나 만족이 아니라 오랜 시간 동안 꾸준히 유지되는 상태라고 보았습니다. 인생 전체에서 좋은 삶을 살아가는 과정을 통해 행복이 결정되는 것입니다.

"옳은 행동을 함으로써 옳게 되고, 절제 있는 행동을 함으로써 절제 있게 되며, 용감한 행위를 함으로써 용감하게 된다."

《니코마코스 윤리학》

아리스토텔레스에 따르면 진정한 행복은 매일매일 자신에게 중요한 일을 꾸준히 실천하고, 좋은 관계를 맺고, 덕을 실천하며 살아가는 과정에서 얻어진다고 말할 수 있습니다. 그래서 아리스토텔레스가 말하는 행복은 우리가 흔히 생각하는 순간의 기쁨이나 만족이 아니라 인생 전체를 보아야 됩니다.

인생의 변곡점에 이르렀을 때 삶이 힘들다고 해서 함부로 불행하다고 단정지을 필요는 없습니다. 마찬가지로, 지금까지 삶이 행복했다고 해서 방심해서도 안 됩니다. 아직 인생의 여정이 끝나지 않았기 때문입니다. 인생이 종합 평가라면 가장 중요한 것은 오늘 내가 하는 행동들입니다. 이 행동이 나라는 사람을 만들고, 그것이 모여 결국 인생을 결정하기 때문입니다. 다시 말해, 좋은 습관으로 만들어진 좋은 행동이 좋은 사람을 만들고 좋은 인생을 만들어 냅니다.

나의 행동이 모여 나의 인생이 된다

종합 평가에서 좋은 결실을 거두려면 우리는 어떤 행동을 어떻게 해야 하는 걸까요? 아리스토텔레스는 '미덕美德'이라는 개념을 통해 이를 설명합니다.

> "인간에게 행복은 미덕에 따르는 영혼의 활동을 의미한다."
>
> 《니코마코스 윤리학》

미덕은 기본적으로 인간답게 살아가는 활동과 연결되어 있습니다. 미덕은 우리에게 주어진 이성을 최대한 활용해 인간답고 올바르게 사는 상태를 의미하기 때문입니다. 그래서 아리스토텔레스는 미덕에 따른 활동을 인생에서 매우 중요하게 여겼습니다. 인생에서 주어진 것들을 잘 활용하고 실천하며 좋은 인생을 살아가면 그것이 곧 행복한 인생이라는 것입니다. 그래서 우리는 잘 배우고(지적인 덕), 잘 절제하며, 좋은 품성(도덕적인 덕)을 길러 올바른 인생을 만들어 가는 과정을 통해 행복한 삶을 완성할 수 있는 것입니다.

하지만 한 가지 고민할 문제가 있습니다. 인생에서 운이 좋지 못한 사람들은 어떻게 될까요? 올바르게 살아가려고 해도 불운과 가난 속에 살아가는 사람들은 무조건 불행한 것일까요? 아리스토텔레스는 이러한 외적 환경도 인생의 행복을 결정짓는 데 중요한 요소라고 강조했습니다. 그는 행복이란 덕을 발휘하며 사는 삶이지만, 건강, 재산, 친구, 가족, 사회적 지위와 같은 외적인 조건도 덕을 실천하고 행복하게 살아가기 위한 기본 조건이라고 생각했습니다.

그러나 돈이나 건강이 곧 행복인 것은 아닙니다. 앞서 말한 것처럼 외적인 조건은 행복을 위한 도구일 뿐이지 행복 그 자체는 아니기 때문입니다. 오히려 그 사람이 어떤 사람인가, 즉 어떻게 어려운 환경을 받아들이고 극복하는가가 훨씬 더 중요한 요소라고 보았습니다.

"진정으로 좋고 사려 깊은 사람은 인생의 온갖 불운을 품위 있게 견뎌 낼 뿐만 아니라, 마치 훌륭한 장군이 자신에게 주어진 군대를 전략적으로 가장 적절하게 사용하고, 훌륭한 제화공이 자신에게 있는 가죽으로 가장 좋은 구두를 만들어 내며, 그 밖의 다른 모든 기술자도 그러하듯 자신에게 주어진 상황 속에서 가장 훌륭하게 행할 것이다."

《니코마코스 윤리학》

아리스토텔레스는 지혜로운 사람은 주어진 상황 속에서 가장 좋은 선택을 하며, 불운한 환경을 극복하고 결국 행복을 찾을 수 있다고 말했습니다. 이것은 단순히 외부 환경이 불행을 결정짓는 것이 아니라, 이성적 판단과 내면의 힘을 통해 상황을 극복할 수 있다는 점을 짚은 것입니다.

스토아철학자 에픽테토스 Epictetus 도 비슷한 이야기를 했습니다. 그 역시 환경 자체가 우리를 불행하게 만드는 것이 아니라, 우리가 그 환경을 어떻게 받아들이고 해석하느냐에 따라 인생이 결정된다고 보았습니다.

"사람들은 일어나는 사건들에 의해 괴로워하는 것이 아니다. 그 사건들에 대해 그들이 갖는 견해에 의해 괴로워한다."

에픽테토스, 《담화록》

결국 불행이란 상황을 어떻게 받아들이고 거기에 어떠한 의미를 부여하는가에 달려 있습니다. 내가 어려운 상황에 처했을 때 그 상황을 이성적으로 판단하고 자기 성찰을 통해 극복할 수 있다면 더 나은 선택을 하고 성숙한 인생을 살아갈 수 있습니다. 결론적으로, 행복이란 인생 전체에서 '내가 어떠한 행동을 했는가'에 의해 결정됩니다.

그리고 그 행동은 나에게 주어진 이성을 통해 올바르고 인간다운 행동을 하는 것이어야 합니다. 아리스토텔레스는 지식과 학습, 올바른 행동을 통해 행복이 완성된다고 강조했습니다. 따라서 운이 나쁘거나 불행한 상황에 처했다고 해서 절망할 필요는 없습니다. 내가 올바르게 실천하고 삶을 개선해 나가면 결국 행복한 인생을 만들어 갈 수 있습니다.

오늘 좌절했더라도 우리에게는 여전히 앞으로 살아갈 날이 남아 있고, 인생의 평가는 죽음에 이르기 직전에야 비로소 내릴 수 있습니다. 오늘의 행동이 모이고 모이면, 언젠가 맞닥뜨릴 마지막 순간에 행복한 삶을 살았다고 이야기할 수 있을 것입니다.

· 행복은 하루아침에 이루어지는 것이 아니라 인생에서 꾸준히 쌓아 가는 상태다.
· 건강, 재산, 친구 등 외적인 조건은 행복을 돕는 요소일 뿐, 그 자체가 행복은 아니다.
· 인간은 매일의 활동과 선택으로 자신을 만들며, 그것들이 모여 인생 전체를 결정한다.
· 지혜로운 사람은 불운한 환경에서도 최선의 선택을 하며 행복을 찾는다.

타인의 평가에
휘둘리지만 않으면 된다

관조

관조적 활동은 최고의 활동이다.

《니코마코스 윤리학》

천재 물리학자 알베르트 아인슈타인은 어릴 적부터 평범한 삶과는 거리가 멀었습니다. 학교 교육에 반항적이었고, 규칙에 얽매이기보다는 자신의 호기심을 해결하거나 세상에서 일어나는 여러 현상에 관하여 질문하는 데 몰두했죠. 그의 관심은 물질적 성공이 아니라 우주의 질서와 자연의 진리를 이해하는 데 있었습니다.

1905년은 아인슈타인이 상대성이론을 포함한 혁신적 논문들을 연달아 발표하며 세계를 놀라게 한 '기적의 해'였습니다. 그러나 그 당시에도 자신의 인기와 업적에 관심을 두기보다는 "시간

과 공간이 상대적이라면, 우주의 근본은 무엇인가?"와 같은 세상
의 진리에 질문을 품었습니다. 끊임없는 탐구는 그에게 천재라는
명성을 가져다주었지만, 동시에 세상과 자신 사이에 고독한 벽을
만들게 하였습니다.

아인슈타인의 연구는 행복과 고통이 교차하는 길이었습니다.
그는 10년간의 고뇌 끝에 일반 상대성이론을 완성했지만 이 과정
에서 정신적, 육체적으로 극한까지 몰렸고, 이 때문에 학문적 좌
절감과 인간관계의 소원함까지 겪었습니다. 그럼에도 불구하고
그는 진리를 탐구하는 순간만큼은 고통을 잊었습니다. 자연의 신
비를 수식으로 풀어낼 때는 마치 신의 생각을 엿보는 듯한 기쁨
을 느끼기도 합니다. 그는 진리를 발견하는 과정 자체가 순수한
행복의 순간이라고 믿었기에 고독과 희생을 감내한 것입니다.

이와 같이 진리를 위해 인생의 시간을 다 보낸 아인슈타인은
말년에 "진리를 쫓는 것은 행복하면서도 괴로운 일"이라는 기록
을 남깁니다. 그에게 진리 탐구의 여정은 끝없는 질문과 답의 연
속이었으며, 기쁨과 괴로움이 계속해서 반복되는 일이었기 때문
입니다. 이러한 기록은 우리에게 "행복이란 무엇인가?" 하는 질문
을 던집니다. 연구에 일평생을 바친 아인슈타인은 과연 행복했을
까요?

누군가는 아인슈타인과 같이 열심히 노력하고, 이 노력에 따른
결과물이 생기는 과정들을 행복으로 느낄 것입니다. 누군가는 함

께 웃고 떠드는 친구들 사이에서 삶의 이유를 얻겠죠. 또 다른 누
군가는 돈을 벌고 명예를 얻고 사회적 지위를 얻는 것에서 행복
감을 느낄 수도 있습니다. 그렇다면 이러한 삶들 가운데 과연 진
짜 좋은 삶이란 어떤 것일까요? 아리스토텔레스는 이 질문에 대
해서 오랫동안 고민했습니다.

인간 삶의 세 가지 유형

아리스토텔레스는 인간의 삶을 '쾌락적인 삶', '정치적인 삶', '관
조觀照적인 삶' 이렇게 세 가지 유형으로 나누었습니다.

첫 번째로 쾌락적인 삶은 사람들이 본능적으로 선택하기 쉬운
삶의 방식입니다. 맛있는 음식을 먹고, 재미있는 영화를 보고, 편
안하게 쉬면서, 기분 좋은 순간을 즐기는 것이 쾌락적 삶에 해당
합니다. 이는 인간이 본능적인 즐거움을 통해 행복을 느끼는 가
장 단순하고 직관적인 방법입니다. 많은 사람이 이런 방식으로
행복을 찾으려고 노력하며, 실제로 쾌락은 일상에서 쉽게 느낄
수 있는 만족감을 제공합니다.

하지만 아리스토텔레스는 이 삶이 일시적이고 한계가 많다고
지적합니다. 쾌락적 삶의 가장 큰 문제는 즐거움이 오래 지속되

지 않는다는 점입니다. 쾌락은 순간적으로 기분을 좋게 만들어 주지만, 시간이 지나면 그 효과가 금방 사라지고 더 강한 자극을 원하게 됩니다.

예를 들어, 처음에는 단순한 음식으로도 만족을 느낄 수 있지만, 점점 더 특별한 음식이나 새로운 맛을 찾아야만 비슷한 즐거움을 느낄 수 있습니다. 이런 방식은 끊임없이 더 큰 자극을 쫓게 만들며, 결국 지속적인 행복을 제공하지 못하고 오히려 피로감이나 공허함을 느끼게 합니다.

또한, 쾌락적 삶은 인간의 내면적인 성장을 방해할 수 있습니다. 쾌락은 감각적인 만족에 집중하기 때문에 인간이 가진 사고력이나 이성적 능력을 충분히 활용하지 못하게 됩니다. 아리스토텔레스는 인간이 단순히 즐거움만을 추구하는 동물이 아니라 자신의 삶을 깊이 생각하고 존재의 의미를 탐구할 수 있는 고유한 본성을 가진 존재라고 보았습니다. 하지만 쾌락적 삶에 머물게 되면 이런 고유한 능력을 발휘하지 못하게 되고 진정한 행복에 도달하기도 어렵습니다.

두 번째로 정치적인 삶은 명예와 성공, 그리고 사회적 위치를 통해 행복을 찾으려는 삶의 방식입니다. 아리스토텔레스는 이를 '실천적 삶'이라고 부르며, 개인이 자신의 업적을 쌓고 타인의 인정을 받으면서 가치를 증명하는 방식이라고 설명합니다.

예를 들어, 회사에서 승진하거나 중요한 사회적 지위를 얻고
많은 사람에게 인정받는 것이 여기에 해당합니다. 이런 삶은 개
인의 능력을 증명하고 자신이 세상에 영향을 미치고 있다는 느낌
을 주기 때문에 많은 사람이 선호하는 방식이기도 하죠.

하지만 정치적 삶은 외부 조건에 크게 의존한다는 한계가 있습
니다. 명예와 성공은 자신의 노력만으로 이루어지지 않고, 타인
의 평가와 사회적 환경에 따라 크게 달라질 수 있습니다. 아무리
훌륭한 성과를 냈더라도 타인에게 인정받지 못한다면 만족을 느
끼기도 어렵습니다. 이렇게 외부의 평가에 따라 행복이 좌우되는
상태는 불안정하며 언제든지 변할 수 있기 때문에 안정적이고 지
속적인 행복을 제공하지 못합니다.

또한, 정치적인 삶은 끊임없는 경쟁과 스트레스를 동반합니다.
더 높은 위치에 오르기 위해 쉼 없이 노력해야 하고, 다른 사람과
비교하거나 경쟁해야 하는 상황이 반복됩니다. 심지어 목표를 달
성했다고 해도 곧 더 큰 목표를 향해 달려가야 하기 때문에 완전
한 만족을 느끼기 어렵습니다. 이처럼 끝없는 경쟁과 비교는 오
히려 심리적 부담을 증가시키며, 진정한 행복과 평온에서 멀어지
게 만듭니다.

쾌락적 삶과 정치적 삶은 모두 외부적인 요인에 크게 의존합니
다. 쾌락적 삶은 본능적인 즐거움과 자극에 의존하고, 정치적 삶

은 명예와 타인의 평가에 의존합니다. 이러한 의존성은 인간이 지속적이고 안정된 행복을 경험하기 어렵게 만듭니다. 쾌락적 삶은 순간적인 기쁨만을 제공하고, 정치적 삶은 끊임없는 경쟁과 불안을 동반하기 때문에 둘 다 진정한 행복을 지속적으로 누릴 수 없게 되는 것입니다.

아리스토텔레스는 이 두 유형의 삶이 인간의 고유한 이성적 본성을 충분히 실현하지 못한다고 보았습니다. 인간은 단순히 감각적인 즐거움이나 사회적 성공에만 의존하는 존재가 아닙니다. 우리에게는 깊이 생각하고, 삶의 본질을 탐구하며, 내면적인 평온을 찾을 수 있는 능력이 있습니다. 따라서 그는 인간이 진정한 행복을 찾기 위해서는 외부의 조건에 의존하지 않는 관조적 삶을 추구해야 한다고 강조했습니다.

그렇다면 마지막, 관조적인 삶이란 무엇일까요? 관조라는 단어에서 관觀은 '본다'라는 뜻이고, 조照는 '비춘다'라는 뜻입니다. 즉, 관조는 대상을 바라보고 그 본질을 꿰뚫어 보며 이를 통해 진리를 깨닫는 행위를 의미합니다. 그래서 관조적 삶이란 단순히 조용히 생각에 잠기는 것을 넘어 진리를 탐구하고 사물의 본질을 깊이 이해하는 삶을 말합니다. 이는 철학적 사유뿐만 아니라 문학, 예술, 음악 등 우리의 내면을 울리는 모든 활동을 포함합니다.

관조적 삶의 핵심은 이 활동이 다른 무언가를 얻기 위한 수단이 아니라 그 자체가 목적이라는 점입니다. 즉, 그 행위 자체에서 만족과 기쁨을 느낄 수 있는 삶입니다. 아리스토텔레스는 돈, 명예, 권력, 건강 같은 외적인 조건만으로는 진정한 행복을 얻을 수 없다고 말합니다. 대신 인간 고유의 능력을 가장 잘 발휘할 수 있는 활동 속에서 진정한 행복을 찾을 수 있다고 주장했죠. 이러한 활동을 중심으로 살아가는 방식을 바로 관조적 삶이라 불렀습니다.

몰입으로 경험하는 삶의 가치

관조적 삶을 살아가는 사람은 외부 조건이나 타인의 평가에 크게 의존하지 않습니다. 예를 들어 용감한 사람이 용기를 발휘하려면 상대방이 필요하지만, 관조적 삶을 사는 사람은 혼자서도 진리를 탐구하고 삶의 의미를 느낄 수 있습니다. 이런 점에서 관조적 삶은 다른 삶의 방식과 뚜렷하게 구분됩니다.

무엇보다 이 삶은 스스로 만족할 수 있다는 특징이 있습니다. 관조적 활동은 어떤 결과를 얻기 위한 것이 아니라 그 자체로 완전한 만족과 충만함을 제공합니다. 예를 들어, 철학적 사유나 예술 감상은 단순히 재미를 넘어서 우리에게 깊은 내적 기쁨과 깨달음을 줍니다. 이 활동은 부족함 없이 충만하기 때문에 진정한 행복을 경험하게 만드는 것입니다.

관조적 삶의 또 다른 매력은 지속적인 만족을 제공한다는 점입니다. 돈이나 명예처럼 시간이 지나면서 싫증이 나거나 소멸되는 것이 아니라 매 순간 새롭고 즐겁습니다. 진리를 탐구하거나 예술을 감상하는 과정은 끊임없이 새로운 시각과 감동을 선사하기 때문이죠. 책을 읽고 사색하거나 자연을 바라보며 그 조화를 느낄 때, 우리는 활동이 끝난 후에도 공허함이 아닌 충만함을 경험합니다. 이러한 점에서 관조적 삶은 단순히 일시적인 기쁨을 넘어, 시간이 지나도 계속 이어지는 깊고 지속적인 행복을 제공한다는 점에서 특별합니다.

아리스토텔레스는 또한 관조적 삶이 인간을 가장 고귀한 상태로 이끈다고 말했습니다. 그는 인간이 가진 이성적 능력을 가장 높은 수준에서 발휘하는 순간을 신적인 활동에 비유했습니다. 신은 외부적인 필요나 물질적 조건 없이 순수하게 진리를 탐구하고 그 자체로 존재합니다. 관조적 삶을 사는 인간은 신적인 특성과 가장 가까워지며, 자신의 본성을 완벽하게 실현할 수 있다고 설명합니다. 이런 삶은 인간을 다른 동물과 구분 짓는 고유한 특성을 가장 잘 드러내는 방식입니다.

관조적 삶은 우리에게 여유와 자유도 제공합니다. 이 삶은 단순히 아무것도 하지 않고 시간을 보내는 것이 아니라, 삶의 본질을 깊이 이해하고 더 높은 차원의 기쁨을 느끼기 위해 시간을 사용하는 것입니다. 예를 들어, 자연을 산책하며 느끼는 평온함이

나 책을 읽으며 새로운 생각에 빠지는 시간은 단순한 휴식을 넘어 우리 삶을 풍요롭게 만듭니다. 이런 여유로운 시간 속에서 우리는 내면의 평화를 찾고, 진정한 만족을 경험할 수 있습니다.

그렇다면 현대 사회에서는 어떻게 관조적 삶을 실현할 수 있을까요? 아리스토텔레스가 말했던 관조적 삶은 철학자들이나 학자들만의 전유물이 아닙니다. 오늘날처럼 문화 콘텐츠가 발달한 시대에는 문학 읽기, 미술 감상, 음악 감상 같은 활동을 통해서 비교적 손쉽게 관조적 삶을 실천할 수 있습니다. 또한 자연을 관찰하거나 명상하는 간단한 활동도 관조적 삶의 한 형태가 될 수 있습니다. 중요한 것은 삶을 깊이 돌아보고 내면에서 만족을 찾으려는 마음가짐입니다. 특별한 재능이나 조건을 필요로 하지 않으며, 누구나 자신만의 방식으로 실천할 수 있는 삶의 방식이기 때문입니다.

사실 관조적 삶은 몰입의 개념과 밀접하게 연결됩니다. 우리는 철학적인 사색, 학문적 연구, 예술 창작과 같은 활동을 할 때 깊이 몰입하게 됩니다. 관조적 삶은 이성을 활용하여 진리와 본질을 탐구하는 활동이기에 단순히 앉아서 생각하는 것을 넘어 깊은 집중과 몰입이 필요한 상황과 동일해지는 것입니다.

몰입 상태에서는 외부의 방해 요소가 사라지고 자신이 하는 일에 완전히 빠져들게 됩니다. 이런 몰입은 관조적 삶에서 요구하는 깊은 집중과 사유를 가능하게 합니다. 관조적 삶을 실천하는 과정에서 몰입은 필수적인 도구가 됩니다.

몰입 상태에 있을 때 우리는 활동 자체에서 즐거움을 느끼고 외부의 보상이나 타인의 평가에 의존하지 않습니다. 이와 마찬가지로, 관조적 삶도 자족적인 삶을 추구합니다. 관조적 삶이 중시하는 것은 외부적 성공이나 감각적 즐거움이 아니라 내면에서 오는 평온과 만족입니다. 몰입 상태에서 얻는 성취감과 내적 만족은 관조적 삶이 궁극적으로 지향하는 목표와 일치합니다.

철학적 문제를 깊이 탐구하거나 예술 작품을 창작할 때 몰입 상태에 들어가면 우리는 단순히 결과를 위해 일하는 것이 아니라 그 과정 자체에서 깊은 기쁨과 충족감을 느낄 수 있습니다. 이러한 내적 즐거움은 관조적 삶이 추구하는 깊고 지속적인 행복과 연결됩니다.

관조적 삶과 몰입이 공유하는 중요한 특징 가운데 하나는 '외부 요인에 의존하지 않는다'라는 점입니다. 쾌락적 삶이나 정치적 삶은 외부의 자극이나 타인의 평가에 크게 의존하지만, 관조적 삶과 몰입은 그렇지 않습니다. 몰입 상태에서는 결과보다는 과정에 집중하며, 그 순간 자체에서 기쁨을 느낍니다. 마찬가지로, 관조적 삶 역시 내면의 진리를 탐구하고 이성을 활용하는 데 초점을 맞추기 때문에 외부 환경이나 조건에 크게 영향을 받지 않습니다.

예를 들어, 독서를 하며 깊이 몰입하거나 자연을 관찰하며 사색하는 순간은 외부 조건과 관계없이 만족감을 줍니다. 이는 관조적 삶과 몰입이 인간에게 안정적이고 지속적인 행복을 제공한다는 점에서 공통된 효과를 가진다는 것을 보여 줍니다.

또한 이 두 가지는 상호 보완적인 관계에 있는데, 몰입은 관조적 삶을 실천하는 데 필수적인 도구가 되고 관조적 삶은 몰입 상태를 통해 더 깊이 실현될 수 있습니다. 몰입은 단순히 작업에 집중하는 것이 아니라 그 과정에서 내면의 만족과 평온을 찾는 활동입니다. 이는 관조적 삶이 추구하는 본질과 일치합니다.

결론적으로 관조적 삶을 실천하려면 몰입하게 하는 활동을 찾는 것이 중요합니다. 이는 단순히 시간을 보내는 일이 아니라 자신이 깊이 빠져들고 집중하는 활동입니다. 독서, 글쓰기, 예술 창작, 운동, 명상과 같은 활동이 이에 해당합니다. 중요한 것은 활동의 결과가 아닌 과정 자체에서 가치를 느껴야 한다는 점입니다. 과정에 집중할 때 우리는 외부 조건에 구애받지 않고 내면의 평온과 만족을 경험할 수 있습니다.

몰입은 일상 속에서도 얼마든지 가능합니다. 자연을 관찰하며 산책하거나, 설거지할 때 물의 감촉에 집중하는 것 또한 훌륭한 몰입 경험이 되죠. 명상이나 깊은 사유와 같은 활동도 마찬가지

입니다. 명상은 내면에 집중할 수 있는 시간을 제공하고, 관조적
삶의 핵심적인 몰입 경험을 가능하게 합니다. 중요한 것은 자신
에게 의미 있는 활동을 꾸준히 실천하며 몰입의 깊이를 확장하는
것입니다.

　결국, 몰입 상태에서 관조적 삶이 구체화된다고 볼 수 있습니
다. 몰입은 활동 그 자체에서 만족감을 얻고 내면의 평온을 찾는
방법입니다. 자신이 몰입할 수 있는 활동을 찾고 꾸준히 반복한
다면, 관조적 삶이 주는 진정한 행복을 경험할 수 있을 것입니다.

- 아리스토텔레스는 삶을 쾌락적 삶, 정치적 삶, 관조적 삶으로 구
  분했다.
- 쾌락적 삶은 감각적 즐거움과 자극을 추구하는 삶이고, 정치적
  삶은 명예와 성공을 통해 행복을 추구하는 삶이며, 관조적 삶은
  내면적 만족과 진리를 탐구하는 삶이다.
- 관조적 삶은 지속적이고 안정적인 행복을 제공하며, 인간 고유
  의 이성적 능력을 최고로 발휘할 수 있다.
- 몰입은 관조적 삶을 실천하는 데 필수적인 도구로, 활동 자체에
  집중하면서 내면의 만족을 경험한다.

행복의 바탕에는
좋은 관계가 존재한다

필리아

◇

인간은 어떤 사람도 친한 관계를 형성하지 않고
살아가기를 원하지 않는다.

《니코마코스 윤리학》

영국의 록 밴드 비틀즈는 〈Yesterday〉, 〈Let It Be〉, 〈Hey Jude〉 같은 명곡들로 전 세계를 사로잡으며 음악의 역사에 커다란 획을 그은 전설적인 밴드입니다. 비틀즈의 중심축이었던 존 레논과 폴 매카트니가 완벽한 음악적 파트너십을 이루며 수많은 히트곡을 만들어 냈죠.

그러나 시간이 흐르면서 주축이었던 두 사람의 음악적 비전이 엇갈리기 시작했습니다. 존은 실험적인 음악을 추구하며 독립적인 길을 모색했고, 폴은 대중성과 정교함을 중시하며 밴드의 안정적 중심을 유지하려 했습니다. 이러한 차이는 사소한 의견 충돌을 넘어 밴드 내부의 깊은 균열로 이어졌습니다.

그 갈등은 또 다른 멤버인 조지 해리슨의 불만과 맞물리며 더욱 복잡해졌습니다. 조지는 뛰어난 작곡 실력을 갖추고 있었지만, 그의 곡들은 늘 존과 폴의 노래에 가려 빛을 보지 못했습니다. 그는 자신의 음악적 기여가 과소평가 된다고 느꼈고, 이로 인해 점점 소외감을 느꼈습니다. 이러한 감정이 큰 좌절감을 안겼고, 밴드 내부의 긴장은 점점 고조되었습니다.

여기에 더해, 존이 아내 오노 요코를 스튜디오로 데려오면서 갈등은 더 심각해졌습니다. 요코의 존재는 비틀즈의 기존 작업에서 중요하게 여겼던 전통을 흔들었습니다. 이는 다른 멤버들에게 큰 혼란을 안겼죠. 특히 상대적으로 소외된 멤버였던 조지와 드러머 링고 스타는 스튜디오가 더 이상 음악적 창작의 안전한 공간이 아니라고 느끼며 불만을 터뜨렸습니다. 이로 인해 멤버들 간의 신뢰와 유대감은 급격히 약화되었습니다.

이러한 갈등은 각 멤버가 비틀즈 외의 프로젝트와 개인적인 삶에 더 많은 관심을 기울이게 만들었습니다. 음악적 중심을 잃어버린 비틀즈는 점차 그들의 우선순위에서 멀어졌고, 1970년 폴이 공식적으로 밴드 해체를 선언하면서 비틀즈의 시대는 막을 내렸습니다.

인간관계에서는 가까운 사람일수록 더 큰 기대를 하게 되고, 그 기대가 충족되지 않으면 쉽게 실망과 서운함이 쌓이기도 합니다. 이러한 감정들은 시간이 지나면서 관계에 부담을 주고, 때로는 오해와 상처로 이어질 수 있습니다. 그렇다고 해서 인간관계가 우리의 삶에 마이너스의 의미만을 지닐까요?

사실 인간관계는 우리 삶에서 중요한 의미를 갖습니다. 인간은 본질적으로 사회적 존재이기에 사람들과의 연결 속에서 진정한 행복과 만족을 느낍니다. 가족과의 유대에서 안정감을 찾고, 친구와의 웃음 속에서 위안을 얻고, 동료와의 협력을 통해 성취감을 맛보게 됩니다. 이러한 관계들은 삶에 따뜻함을 더하고, 때로는 삶의 어려움을 견디게 하는 힘이 되기도 합니다. 아리스토텔레스 역시 인간에게 있어 좋은 관계가 매우 중요하다고 설명했습니다.

'덕'으로 타인을 대해야 하는 이유

아리스토텔레스는 인간이 지닌 사회적 본성 때문에 외로이 홀로 살아가기를 바라는 사람은 거의 없다고 보았습니다. 친구와의 친밀한 관계는 인간에게 심리적 안정감과 만족감을 줄 수 있고, 이는 인간이 잘 살아가는 데 있어 꼭 필요한 것이기 때문입니다.

특히 인생의 단계마다 친한 사람들끼리의 관계 속에서 좋은 영향
을 받을 수 있다고 말했습니다.

"좋은 관계는 젊은이들에게는 잘못을 바로잡아 주고, 노인들에게
는 그들의 약함을 돌보아 주고, 그들의 부족함을 채워 준다."

《니코마코스 윤리학》

아직 젊다면 관계 속에서 자신의 성찰과 성장에 도움이 될 기
회를 얻을 수 있습니다. 우리는 누구나 실수를 통해 배우고 성숙
해집니다. 만약 가까운 친구가 나의 부적절한 행동이나 잘못된
결정을 지적해 준다면 이를 통해 더 나은 방향으로 나아갈 수 있
습니다. 이런 인생 과정은 성장을 촉진하고, 더 좋은 사람으로 발
전하는 데 도움을 줍니다.

노년기의 관계는 청년기와는 약간 다른 의미를 가집니다. 나
이가 들면 신체적으로나 정신적으로 약해질 수밖에 없는데, 이
때 주변인들에게 도움을 받아 더 평온한 노년을 보낼 수 있습니
다. 그래서 노년에 만난 관계는 서로의 약점을 이해하고 지지하
며, 서로가 부족한 부분을 채우는 역할을 하게 됩니다. 이러한 지
원은 노년기의 외로움과 고립을 줄이고, 서로에게 의지하며 삶을
이어나갈 수 있게 합니다.

아레스토텔레스는 '필리아philia'라는 개념을 통해서 인간관계란 무엇이고, 어떻게 관계를 쌓아 나가야 할지 설명했습니다. 그리스어 필리아는 영어로 해석하면 'friendship'에 해당하는 말입니다만, 기존에 우리가 아는 우정이라는 개념보다는 부모, 연인, 친구, 가족, 이웃 등 굉장히 넓은 범위의 관계에서 발견할 수 있는 우애 또는 친밀감을 의미합니다.

"각각의 필리아는 서로 주고받는 것이고, 이것을 서로 알고 있으며, 서로 친한 사람들은 서로가 잘되길 바란다."

《니코마코스 윤리학》

아리스토텔레스는 필리아를 인간관계의 중요한 요소로 보았는데, 이것이 단순한 감정이나 즐거움 이상의 가치가 있다고 여겼습니다. 그가 말한 필리아에는 다음과 같은 세 가지 요소가 있습니다.

첫째, '먼저 상대방이 잘되기를 바라는' 순수한 마음입니다. 이는 상대방이 행복하고 평안하기를 바라는 진심을 뜻합니다. 둘째, '서로가 이 사실을 알고 있어야' 합니다. 즉, 상대방이 나를 위해 선의를 가지고 있다는 점을 인지해야 서로를 향한 신뢰가 형성될 수 있습니다. 셋째, 이러한 바람이 '일방적이지 않고 상호적'이어야 한다는 점입니다. 어느 한쪽이 아니라 서로가 잘 되기를

바라야 하고, 서로가 서로에게 좋은 방향으로 행동하는 관계가
되어야 합니다.

아리스토텔레스는 필리아의 세 가지 요소가 있느냐 없느냐에
따라서 관계도 다음의 세 가지 유형으로 나눌 수 있다고 설명했
습니다.

첫 번째 유형은 '이익을 위한 관계'입니다. 비즈니스 관계나 상
호 경제적 이익을 추구하는 관계가 이에 해당합니다. 현대 사회
라면 직장 동료들과의 관계가 대표적인 예입니다. 서로 업무적으
로 도움을 주고받으며 성과를 공유하는 동안은 우정이 유지되지
만, 상호 이익이 사라지면 관계도 쉽게 끝납니다. 보통 퇴사한 뒤
예전 직장 동료들과 관계를 유지하는 비율이 낮은 이유도 서로가
이익에 의해서 맺어진 관계이기 때문입니다.

두 번째 유형은 '즐거움을 위한 관계'입니다. 아리스토텔레스는
이러한 관계가 주로 젊은 사람들 사이에서 나타난다고 말했습니
다. 젊을수록 자신의 본능과 감정에 따라서 충동적으로 관계를
맺고, 같이 있을 때 재미있어야만 관계가 유지되기 때문입니다.
재미와 쾌락 위주의 관계이기 때문에 빠르게 친해지지만 쉽게 헤
어지기도 합니다. 즐거움이 사라지면 이 관계를 계속 할 이유가
사라지기 때문이죠.

예를 들어, 파티나 모임에서 서로 즐기려고 만나는 사람들이나

SNS 또는 온라인 커뮤니티를 통해 연결된 관계가 여기에 해당합니다. 이 관계는 함께 파티를 즐기고 순간적인 즐거움을 공유하거나 서로의 게시물에 '좋아요' 또는 댓글을 남기며 일시적인 즐거움을 주고받는 방식으로 유지됩니다. 하지만 이러한 관계는 깊이 있는 교류보다는 표면적인 즐거움에 치우쳐 있어, 행사가 끝나거나 온라인 상호작용이 줄어들면 관계도 쉽게 사라질 수 있습니다.

아리스토텔레스가 이익을 위한 관계와 즐거움을 위한 관계 모두 불완전하다고 설명한 이유는 이 관계들이 본질적으로 상대방을 자신의 목적을 이루기 위한 수단으로 보기 때문입니다. 이익이 생기거나 즐거움이 지속될 때만 유지되고 그렇지 않으면 쉽게 깨질 수 있기 때문에 관계 자체가 불안정할 수밖에 없습니다.

또한, 이러한 관계는 상대방의 내면적 가치나 성품을 이해하고 존중하기보다는 외적 요인에만 초점을 맞추는 경향이 있어 매우 표면적입니다. 아리스토텔레스는 불완전한 관계는 사람들에게 진정한 행복을 가져다주지 못한다고 말합니다. 일시적인 만족감은 줄 수 있지만, 결국 더 깊은 유대감과 의미를 찾을 수 없기 때문입니다.

마지막 유형은 '덕을 위한 관계'로, 가장 완벽하고 이상적인 형태입니다. 아리스토텔레스는 이 세 번째 유형을 완전한 형태라고 표현하며, 선한 마음과 덕을 지닌 사람들 사이에서만 이루어진다고 설명했습니다.

덕을 위한 관계는 서로가 도덕적으로 더 나은 사람, 서로가 더 좋은 사람이 되기 위한 목적을 갖고 있습니다. 그래서 이 관계는 상호 존중과 신뢰를 바탕으로 하며, 서로의 선을 추구하고 상대방의 행복을 진심으로 기원하는 깊은 유대감이 있다는 것을 특징으로 합니다. 상대방의 행복이 곧 자신의 행복이라고 느끼며, 필요하다면 자신을 희생할 준비도 되어 있는 관계입니다.

평생 서로를 위해 배려하고, 헌신하며, 오랜 시간 일상을 공유하면서 인생을 살아가는 부부가 덕을 위한 관계의 예시가 될 수 있습니다. 서로가 좋은 사람인 둘이 만나서, 서로를 진심으로 존중하고, 행복을 바라게 됩니다. 또한 이들은 인생의 다양한 상황을 공유하며 함께 내면이 성장하고 성숙하게 됩니다. 이와 유사하게 오래된 친구 사이, 부모와 자식 간의 관계도 덕을 위한 관계가 형성될 수 있습니다.

이렇게 덕을 위한 관계는 서로의 선한 성품과 도덕적 인격을 기반으로 하기에, 일시적인 즐거움이나 이익과는 달리 시간이 지나도 변하지 않습니다. 오히려 시간이 흐를수록 더 깊어지고 더욱 공고해지죠. 아리스토텔레스는 이 관계가 인생에서 가장 중요한 관계라고 주장합니다.

아리스토텔레스의 필리아 개념은 인간의 본성과 도덕적 가치가 깊이 연결되어 있다고 말합니다. 그는 진정한 관계란 인간을 더 높은 도덕적 경지에 도달하게 만들며, 이것이야말로 인간이 지향해야 할 가장 고귀한 일이라고 말했습니다. 진정으로 완전한 관계란 상대방이 어려움에 처했을 때 가장 먼저 돕는 것이며, 상대방이 도움을 요청하지 않아도 먼저 나서서 돕는 관계입니다.

이타적이면 정말 손해를 보는가?

여기서 한 가지 의문이 듭니다. 현대 시대에서 아리스토텔레스가 말하는 이타적인 행동들, 즉 서로가 서로를 위해서 살아가는 방법이 인생을 살아가는 데 있어 정말 도움이 되는 걸까요? 오히려 완전한 관계보다는 이익을 도모하고 즐거움을 추구하는 게 더 효율적이고 현대 시대에 맞는 관계가 아닐까요? 현대 사회에서는 은연중에 이기적인 사람들이 더 성공하고 잘 된다고 생각합니다. 나를 희생해서 남을 배려하는 행동은 지금 시대에 맞지 않다는 것이죠.

하지만 결론적으로 말하면, 이타적으로 행동하는 사람들이 인생을 더 잘 살아갈 확률이 큽니다. 남을 배려하고 돕는 사람은 타인에게 신뢰를 주고, 이 신뢰를 바탕으로 더 많은 기회가 주어지며, 도움을 받을 가능성도 높아집니다. 현대 사회에서 신뢰는 개인의 성공과 직결된 중요한 자산으로, 이타적인 행동은 사람들에게 호감을 불러일으키고 함께 일하고 싶은 대상으로 인식되게 합니다.

미국의 전 대통령 버락 오바마는 하버드 로스쿨을 졸업한 뒤 대기업의 높은 연봉을 거절하고 시카고 남부의 빈곤 지역에서 지역 사회 조직가로 활동하기 시작했습니다. 당시 그는 실업과 빈곤에 허덕이는 주민들을 돕기 위해 발 벗고 나섰습니다. 주택을 잃을 위기에 처한 가구들을 상담하거나 실직자들에게 취업 교육을 제공하고 주민들이 더 나은 삶을 살도록 돕는 데 자신의 시간과 에너지를 쏟았습니다.

그가 한 일은 서류를 대신 작성해 주거나 취업을 위한 정보를 제공하고, 주민들의 이야기를 끝까지 들어주는 일 등이었습니다. 하지만 이러한 작은 행동들이 모이자 주민들에게는 희망이 생겨났고, '우리와 함께하는 사람'이라는 신뢰를 만들어 냈습니다. 오바마는 단순히 문제를 해결해 주는 것을 넘어 주민들에게 자신들의 삶이 가치 있고 더 나아질 수 있다는 믿음을 심어 준 것입니다. 이는 지역 사회에서 그의 진정성을 상징하는 신뢰의 기반이 되었습니다.

이때 형성된 신뢰는 그가 정치에 도전할 때 결정적인 역할을 했습니다. 오바마가 일리노이 주 상원의원에 출마했을 때 과거에 오바마에게 도움을 받았던 사람들은 그의 열렬한 지지자가 되었습니다. 주민들은 자발적으로 선거 캠페인에 참여했고, 그의 비전을 사람들에게 전파했습니다. 선거 자금의 상당 부분도 도움을 받았던 이웃들의 기부에서 비롯되었습니다. 이 작은 이타적 행동으로 뿌린 씨앗이 무럭무럭 자라 그의 정치적 경력을 꽃피우게 했고, 결국 미국 대통령이라는 자리까지 이끄는 든든한 뿌리가 되었습니다.

오바마의 삶은 우리가 베푸는 작은 선행이 단순한 도움을 넘어 신뢰를 쌓고, 그 신뢰가 결국 자신에게도 더 큰 기회와 변화를 가져다줄 수 있음을 증명합니다. 사람들은 진정성을 알아봅니다. 오바마가 보인 진심 어린 선행들은 그를 단순한 정치인을 넘어 사람들의 마음을 얻고 역사를 바꾼 지도자로 자리매김하게 만들었습니다.

이처럼 이타적인 행동은 단순히 겉으로 보이는 친절을 넘어, 신뢰와 평판을 기반으로 진정성 있는 인간관계라는 자산을 형성합니다. 이러한 자산은 단순한 네트워크를 넘어 깊이 있는 상호작용을 통해 서로를 지지하게 되고 위기 상황에서도 큰 힘이 됩니다. 평소 주변 사람을 도운 사람은 자신이 예상치 못한 어려움을 겪을 때 자연스럽게 도움을 받을 수 있습니다. 이는 현대 사회에서 매우 중요한 무형의 자산으로, 시간이 지날수록 더욱 커지는 특징을 지닙니다.

　우리 주변에는 내가 먼저 도움을 받아야 상대방을 돕는 조건부 이타주의자들이 많습니다. 그래서 먼저 다른 사람을 배려하고 잘 챙기는 사람은 자연스럽게 주변에 자신을 돕는 사람들이 늘어나게 됩니다. 내가 했던 좋은 일이 바탕이 되어 사람들이 나에 대해서 계속 좋은 이야기를 하고, 그 이야기가 바탕이 되어 나를 신뢰하는 사람들이 계속해서 늘어나게 되는 긍정의 연결고리는 이 자산이 계속해서 커지게 합니다.

　또한, 이타적인 행동은 심리적 만족감과 자기 성장에도 기여합니다. 타인을 돕고 베푸는 과정에서 느끼는 긍정적인 감정은 내면에 평화를 가져다주고 삶의 만족도를 높입니다. 캘리포니아 대학교 심리학과에서 이루어진 소냐 류보머스키 Sonja Lyubomirsky 교수의 2008년 연구에 따르면, 이타적으로 행동하는 사람들은 스트레스를 덜 받고 어려운 상황에서도 쉽게 무너지지 않는 심리적 회복 탄력성을 지녔습니다.

　샌프란시스코에서 수천 명을 대상으로 장기간 진행되었던 인간의 기대수명에 대한 연구에서도, 친밀한 인간관계와 이타적인 행동이 사망률을 낮추고 수명을 연장하는 데 크게 기여한다는 결과가 밝혀졌습니다. 특히, 남에게 베풀고 나누는 삶의 방식이 건강과 행복에 큰 영향을 미친다는 점이 연구 결과의 핵심입니다.

　결국, 이타적인 행동은 신뢰, 평판, 내적 성장이라는 세 가지 주요 자산을 쌓는 데 중요한 역할을 합니다. 이는 아리스토텔레스가 강조한 덕에 기반한 삶의 본질과 연결되며, 현대 사회에서도 여전히 그 가치가 증명되고 있습니다. 이타적으로 살아가는 사람들은 자신뿐만 아니라 주변 사람들에게도 긍정적인 영향을 미치며, 더 나은 삶의 방향으로 나아갈 수 있는 길을 만들어 갑니다.

- 필리아는 인간관계의 중요한 요소로, 우애와 친밀감을 뜻한다.
- 필리아의 핵심 요소는 상호적인 선의, 서로의 행복을 바라는 진심, 신뢰 형성이다.
- 인간관계는 이익을 위한 관계, 즐거움을 위한 관계, 덕을 위한 관계로 구분할 수 있다.
- 가장 이상적인 형태는 덕을 위한 관계로, 상호 존중과 신뢰를 바탕으로 상대방의 행복과 성장을 진심으로 추구하며, 시간이 지날수록 더욱 깊어진다.

서로 친한 사람들은

서로가 잘되길 바란다.

서로 친한 사람들은

서로가 잘되길 바란다.

불행을
밀어내는
현명함을 찾아서

중용

지나치거나 부족함 없이
꼭 알맞게

중용

---◇---

중용은 어떤 점에서든 과도함과 모자람 사이의 중간에 있는 것,
즉 적절함을 뜻한다.

《니코마코스 윤리학》

항상 성실하고 열정적으로 살아온 한 사람이 있습니다. 그는 30대 중반에 대기업에서 중간관리자로 승진했고, 그때부터 회사에서 24시간 일하는 기계처럼 변해버렸죠. 그러나 처음에는 이 모든 것이 보람 있고, 성공의 길을 걷고 있다는 증거처럼 느껴졌습니다. 상사에게 인정받거나 성과를 내는 그 순간들이 그에게 큰 자부심이었으니까요.

하지만 몇 년이 더 지나면서 문제가 생기기 시작했습니다. 어느 날 퇴근 후 집에 들어가자 어린 딸이 그를 낯설어 했던 것입니다. 딸뿐만이 아니라 아내와의 대화도 줄어들었다는 것을 깨닫습니다. 점점 극심해지는 피로와 스트레스 때문에 잠도 제대로 이루지 못했고, 결국 건강 문제로 병원을 찾기에 이릅니다. 그 순간 그는 깨달았습니다. 성공만을 좇느라 삶의 다른 중요한 부분들을 잃어가고 있었던 겁니다. 인생의 균형이 무너졌던 것이죠.

이 이야기는 우리 모두에게 낯설지 않습니다. 삶에서 균형을 맞추는 일은 왜 이렇게 어려울까요? 일과 가정, 성공과 휴식 사이에서 우리는 늘 어느 한쪽으로 기울어 있곤 합니다. 일이 중요하다고 생각하면 지나치게 몰두하여 건강을 잃거나 가족과의 관계가 소원해지기 쉽습니다. 반대로 업무를 너무 멀리하다 보면 직장에서 성취감을 잃거나 뒤처지게 됩니다.

이런 복잡한 삶의 문제들에 대해 아리스토텔레스는 오래전부터 우리에게 답을 주고 있었습니다. 바로, 인생에 '중용中庸'을 적용하는 것입니다.

중용은 '가운데만' 지키는 것이 아니다

중용이란 어느 한쪽으로 치우치지 않고 적절한 선택을 할 수 있게 도와주는 판단의 기준입니다. 중용에서의 중中은 중간이 아니라 '적중하다'에 가까운 의미를 갖고 있습니다. 때문에 중용을 지키면 가장 적절한 행동을 할 수 있고, 삶을 더 잘 살아가게 됩니다. 이런 삶의 태도는 궁극적으로 행복과 연결됩니다.

아리스토텔레스는 중용의 예시로 용기, 절제, 온화, 진실성, 재치 등을 들었습니다. 너무 대담하면 무모해지고, 너무 부족하면 겁쟁이가 됩니다. 용기는 무모와 비겁 사이에 놓인 중용입니다. 또한, 쾌락을 지나치게 추구하면 무절제해지고, 쾌락을 너무 멀리하면 무감각해집니다. 이 둘 사이에 놓인 것은 절제입니다. 운동에 지나치게 욕심을 부리면 부상의 위험이 따르고, 반대로 운동을 소홀히 하면 건강을 잃게 되는 것과 마찬가지입니다. 적절한 운동이 필요하죠.

하지만 무조건 중간만 추구하면 문제가 생기지 않을까요? 예를 들어, 일을 지나치게 하는 사람과 너무 적게 하는 사람 사이에 중간만 하려는 사람이 있다고 가정해 봅시다. 또 일을 빨리하는 사람과 지나치게 늦게 하는 사람 사이에서 중간의 속도로 일을 하려는 사람도 있죠. 크게 노력하지 않고 성적이나 성과도 중간만 가는 것을 목표로 삼을 수도 있습니다.

인간관계에서도 중간만 유지하려는 사람이 있을 수 있습니다. 부부가 집안일을 정확하게 반반씩 나누고, 경제적으로도 손해 보지 않기 위해 생활비를 반반씩 부담하는 경우가 있죠. 정확한 중간 지점이라야 누구도 손해 보지 않는 좋은 것이라 생각하기 때

문입니다. 정치적으로도 논리 없이 무조건 중립을 지키려고만 하
는 사람도 있습니다.

이것은 중용의 본질이 아닙니다. 중용은 상황을 고려하지 않
고 무조건 중간만 고집하는 것이 아니거든요. 정확하게는, 주어
진 상황에 맞게 적절한 선택과 적절한 행동을 하는 것이 중용입
니다. 예를 들어, 마감이 촉박할 때는 일을 빠르게 처리하고, 장
기적인 목표를 바라볼 때는 천천히 다양한 고민을 하며 행동하는
것이 중용입니다.

따라서 중용이란 삶 속에서 자기중심을 잃지 않고 살아가는 것
입니다. 중간만을 고집하는 것이 아니라, 상황마다 고민하고 최
적의 답을 찾아 적절한 행동을 하는 것입니다.

"적당할 때, 적당한 사물들과 관련하여, 적당한 사람들에게, 적당
한 목적을 위해, 적당한 방법으로 그런 감정들을 느끼게 하는 것
이 중용이자 최선이다. 이것이 탁월성의 특징이다."

《니코마코스 윤리학》

중용은 매우 유연한 개념이며, 인생의 거의 모든 상황에 적용
할 수 있습니다. 그리고 지금 당장 중용의 개념을 인생에 적용하
면 더 나은 선택을 할 수 있습니다. 어떤 상황에서 한쪽으로 치우
친 의견이 나올 때, 반대쪽의 의견도 생각해 보면 더 적절한 선택

지를 만들 수도 있죠.

음식에 집착해 너무 많이 먹으면 비만이 올 수 있고, 반대로 음식을 너무 적게 먹으면 영양부족에 시달릴 수도 있습니다. 인간관계에 지나치게 집착하면 자신에게 소홀해지고, 너무 무심하면 관계가 단절되어 고립될 수 있습니다. 따라서 적절한 선을 유지하는 것이 중요합니다.

그런데 중용을 지키는 일이 이런 말들처럼 쉬울까요? 음식을 적당하게 먹고, 인간관계에서 적절한 선을 유지하며, 업무량을 조절해 상황에 맞게 일하는 것 등은 막상 실천하려면 쉽지 않습니다. 아리스토텔레스도 중용을 결코 쉬운 일로 보지는 않았습니다.

"마땅히 주어야 할 사람에게, 마땅한 만큼, 마땅한 때에, 마땅한 목적을 위해, 마땅한 방식으로 하는 것은 결코 누구나 할 수 있는 일도 아니고 쉬운 일도 아니다. 바로 그런 까닭에 이런 일을 잘하는 것은 드물고, 칭찬받을 만한 일이며, 고귀한 일이다."

《니코마코스 윤리학》

중용이 어렵다는 이유는 개념이 단순해 보이는 데 반해, 복잡한 상황 속에서 적용하기가 쉽지 않다는 데 있습니다. 그래서 이론적으로는 이해해도 막상 실천하려면 어렵죠. 우리의 감정과 욕망이 시시각각 변하고, 때로는 이것이 적절한 선택을 방해하기도 하기 때문입니다.

중용을 실천하기 위한 세 가지 조건
———

그럼에도, 우리가 이 중용을 지키기 위해서는 어떻게 해야 할까요? 중용을 실천하기 위해 필요한 세 가지 조건이 있습니다.

첫째, '감정에 휘둘리지 않고' 마음의 중심을 잡아야 합니다. 적절한 감정 상태에서 적절한 행동을 하는 것이 중요한 이유는, 감정이 한쪽으로 치우치게 되면 우리의 판단과 선택이 잘못될 수 있기 때문입니다. 심리학에서는 이를 '인지 왜곡cognitive distortion' 이라는 개념을 통해서 설명합니다.

인지 왜곡이란 어떤 사건이나 일이 일어난 인과관계와 결과를 잘못 해석하면서 시작합니다. 강한 감정이 생기면 사고가 흐려지고 현실을 제대로 보지 못한 채 지나치게 부정적이거나 비합리적으로 판단하게 됩니다. 잘못된 생각은 행동에 영향을 주고, 잘못된 선택을 하게 만들며, 결국 부정적인 결과로 이어집니다. 이렇게 되면 감정은 더 나빠지고, 왜곡된 생각은 점점 더 강해져 악순환이 반복됩니다.

예를 들어, 학교에서 발표를 하다가 실수를 했다고 가정해 봅

시다. 이때 강한 부끄러움과 좌절감을 느끼며 '나는 발표를 잘하
는 사람도 아니고, 완전히 실패했어. 난 발표에 재능이 없어'라고
판단했다면, 이것은 인지 왜곡의 한 종류인 '흑백논리'에 빠진 것
입니다. 흑백논리는 세상을 두 가지로만 나누어 생각하는 개념이
죠. 완벽하지 않으면 잘못된 거라는 생각처럼 모든 걸 극단적으
로 판단하게 됩니다. 중간에 다른 가능성이 있다거나 다양한 시
각이 생겨날 수 있다는 점을 전혀 고려하지 않는 편향된 사고방
식입니다.

실제로는 발표에서 일부 실수를 했더라도 나머지 부분은 잘했
을 수 있습니다. 그러나 극단적인 감정은 이를 무시하고 부분의
실수를 전체의 실패로 단정 짓게 만듭니다. 이런 왜곡된 생각은
발표에 대한 자신감을 잃게 만들고, 이후 발표 상황을 피하거나
아예 노력하지 않도록 합니다. 결국 실력이 늘 기회조차 없어지
고, '나는 발표를 하면 항상 실패한다'라는 잘못된 선입견을 만들
게 되죠.

중용을 일상에 적용한다는 건 감정이 나를 흔들어 댈 때 상황
을 이성적으로 바라보아야 한다는 사실을 알려줍니다. 결국 적절
한 상황에 적절한 판단을 내릴 수 있다는 건 감정에 흔들리지 않
고 최대한 객관적으로 상황을 파악하고 바라보기 때문에 가능한
것이기 때문이죠.

둘째, 중용을 올바르게 적용하려면 반드시 '유연한 사고'가 필요합니다. 우리의 인생은 계획한 대로만 흘러가지 않기 때문입니다. 예상치 못한 문제나 변화가 생겼을 때 고집스럽게 한 가지 생각만 고수하면 상황에 맞는 최선의 선택을 하기 어렵습니다. 또한 최선의 선택과 판단이라는 것은 상황에 따라 달라질 수밖에 없습니다.

용기가 필요한 순간에 지나치게 신중하면 기회를 놓칠 수 있고, 반대로 과도한 자신감을 내보이면 자칫 무모한 선택으로 이어질 수 있습니다. 유연한 사고는 이처럼 변화무쌍한 상황에서 중용의 원리를 실천할 수 있도록 돕습니다.

결국, 인생의 변화와 도전에 대응하며 적절한 균형을 찾기 위해서는 경직된 틀에서 벗어나 다양한 가능성을 탐색하는 태도가 필요합니다. 유연한 사고는 우리가 고정된 방식에서 벗어나 더 열린 마음으로 세상을 바라보게 합니다. 따라서 유연한 사고는 중용의 가치를 현실에서 구현하게 만드는 핵심적인 도구가 됩니다.

셋째, 중용에서 가장 중요한 요소는 '실천'입니다. 원리나 이론을 아무리 잘 알고 있더라도 실제로 행동에 옮기지 않으면 중용의 가치는 실현되지 않습니다. 중용은 단순히 머릿속에서 이해하고 끝나는 것이 아니라 일상 속에서 구체적으로 나타나야 합니다. 분노했을 때의 경우, 이런 감정을 조절해야 한다는 이론을 아는 것만으로는 충분하지 않습니다. 실제로 화가 나는 상황에서 스스로를 다스리고 균형 잡힌 행동을 선택하는 것이 바로 중용의 실천입니다.

　이러한 실천은 작은 습관에서부터 시작됩니다. 우리가 매일 마주하는 사소한 선택에 중용을 적용할 수 있습니다. 예를 들어, 친구와의 갈등 상황에서 무조건 참거나 또는 즉각 감정을 터뜨리기보다는, 잠시 멈추고 서로의 입장을 이해하려고 노력해 보는 것입니다. 이런 작은 행동들이 쌓이고 쌓이면 중용을 실천하는 태도가 삶 속에 자연스럽게 스며듭니다.

　또한, 중용의 실천에는 지속적인 연습이 필요합니다. 처음부터 완벽하게 균형 잡힌 행동을 하는 것은 쉽지 않으며, 시행착오를 겪는 과정도 중요합니다. 한 번의 실수나 잘못된 선택으로 인해 좌절하기보다는 이를 성장의 발판으로 삼는 태도가 필요합니다. 중용은 완벽함을 요구하는 것이 아니라, 균형을 찾아가는 과정 자체를 가치 있게 여기기 때문입니다.

　결국 중용의 가치는 행동을 통해 나타납니다. 실천 없는 중용은 단순한 개념에 머물 뿐이며, 우리의 삶을 변화시키지 못합니다. 하지만 일상의 작은 선택에서부터 중용을 적용하고 연습한다면 더 조화롭고 충실한 삶을 만들어 갈 수 있습니다.

　결론적으로, 삶의 모든 선택에는 적절한 감정과 적절한 행동,

판단들이 필요합니다. 그리고 이때 필요한 게 바로 중용입니다. 중용의 가장 큰 가치는 단순히 '중간을 선택하라'라는 데 있지 않고, 주어진 상황에서 가장 적합한 판단을 하도록 돕는다는 데 있습니다. 이는 음식이나 운동처럼 개인적인 선택에서부터, 인간관계나 직장에서의 중요한 결정에 이르기까지 모든 삶의 영역에 적용됩니다.

중용은 우리의 삶을 더 잘 살아갈 수 있게 만드는 만능키와 같습니다. 감정적으로 흔들리기 쉬운 순간에도 이성적으로 중심을 잡고, 상황에 따라 유연하게 대처하며, 작은 행동에서부터 실천을 반복한다면 우리는 진정으로 중용의 안생安生을 살아갈 수 있을 겁니다. 이것이 행복을 부르는 시발점이 되지 않을까요?

· 중용은 과도함과 부족함 사이에서 적절한 선택을 하도록 돕는 판단 기준이다.
· 중용의 핵심은 감정에 휘둘리지 않고, 객관적으로 판단하며, 최선의 선택을 통해 균형을 이루는 것이다.
· 중용은 반복적인 실천과 행동을 통해 우리의 삶에 적용할 수 있다.

때와 장소에 맞추라는 말의
진짜 뜻

실천적 지혜

◇

실천적 지혜는 특정 상황에서 좋은 결정을 내리는 것과 관련 있다.
이것은 이론적 지식이나 단순한 기술적 능력이 아니다.

《니코마코스 윤리학》

아버지와 아들의 갈등은 영화나 문학에서 자주 다뤄지는 이야
기입니다. 영화 〈죽은 시인의 사회〉에도 이러한 갈등이 중요한
소재로 등장합니다. 영화에는 배우를 꿈꾸는 닐과 그런 닐을 못
마땅하게 여기는 아버지 페리가 있습니다. 닐은 연극에 열정을
품은 청소년으로, 학교의 연극 무대에 서는 꿈을 꾸고 있습니다.
하지만 페리는 닐이 안정적인 직업을 가지길 원하며, 아들인 닐
의 예술적 열정을 강하게 반대합니다.

페리는 닐에게 "나는 너를 위해 모든 것을 희생했는데, 왜 내 뜻

을 거스르려 하느냐?"라고 말하며 강압적인 태도를 보입니다. 닐은 자신이 진정으로 원하는 것이 무엇인지 이야기하려 하지만, 페리는 닐의 내면을 이해하려는 노력 없이 자신의 기대만을 강요했습니다.

결국, 닐은 자신의 연극 공연에 몰래 참여해 큰 성공을 거두지만, 이를 알게 된 아버지와의 충돌은 더욱 심각해졌습니다. 페리의 압박에 닐은 점점 더 큰 좌절감을 느꼈고, 끝내 극단적인 선택을 하게 되었습니다. 영화는 닐의 이야기를 통해, 부모의 과도한 기대와 자녀의 자유로운 자기표현 사이의 갈등이 얼마나 파괴적일 수 있는지를 보여 줍니다.

인생에서 자녀와의 관계는 단순한 공식으로 풀 수 없는 복잡한 문제입니다. 페리가 닐의 꿈과 내면의 열망을 조금 더 이해하려 했다면 이야기는 달라졌을지도 모릅니다. 영화는 자녀와의 갈등을 풀기 위해선 정답을 찾으려 하기보다는 그 상황에서 필요한 공감과 이해, 그리고 적절한 행동을 고민해야 한다는 것을 가르쳐 줍니다.

인생 중반에 접어들수록 삶에서 부딪히는 문제들은 점점 더 복잡해집니다. 가정에서는 배우자와 부모로서, 직장에서는 리더로서 다양한 역할을 감당해야 합니다. 책임감도 점점 더 커집니다. 그와 동시에 다가오는 경제적, 사회적 문제 들도 머리를 아프게 하죠.

살다 보면 생기는 수많은 문제 가운데 일부는 수학 공식처럼 답을 미리 알면 공식에 맞춰 풀 수 있는 경우가 있습니다. 이런 문제들은 정확한 지식만 있으면 쉽게 해결할 수 있지요. 하지만 부모와 자식과의 관계처럼 도저히 어떻게 해야 할지 모를 때도 많습니다. 이러한 문제들은 복잡한 상황과 맥락에 놓여 있어 완벽한 한 가지 정답이 없기 때문입니다.

문제는 계속해서 변합니다. 상황마다 다르고, 시대마다 달라지기 때문에 각각의 문제는 주어진 상황에 맞게 해결해야 합니다. 이에 대해 귀중한 통찰을 주는 아리스토텔레스의 개념이 하나 있습니다. 바로 '실천적 지혜 practical wisdom'입니다.

실천적 지혜의 세 가지 요소

아리스토텔레스는 진리에 도달할 수 있는 데에는 두 가지 방법이 있다고 설명했습니다. 하나는 보편적인 원리와 현상에 대해서 이해하는 방법입니다. 예를 들어, 수학공식이나 자연의 법칙처럼 변하지 않는, 거의 모든 것에 적용되는 원리들이 여기에 해당합니다.

다른 하나는 끊임없이 변화하는 사회나 인간의 인생에 적용할

수 있는 방법입니다. 우리가 매일 마주하는 복잡하고 예측할 수
없는 상황과 서로 다른 맥락 및 관계 안에서 어떻게 선택하고 어
떻게 행동할 것인가에 대한 방법이지요. 아리스토텔레스는 이를
실천적 지혜라고 말합니다.

"실천적 지혜는 특정한 상황에서 좋은 결정을 내리는 것과 관련
이 있다. 이것은 이론적 지식이나 단순한 기술적 능력이 아니다."

《니코마코스 윤리학》

〈죽은 시인의 사회〉에서 페리에게 필요했던 것이 바로 실천적
지혜입니다. 자식을 둔 부모들은 아이들이 사춘기를 맞이할 때
큰 혼란을 느낍니다. 자식들이 사춘기를 맞게 되면 자기만의 감
정과 고민을 안게 되고, 그것을 표현하거나 표출하는 데 어려움
을 겪게 됩니다.

이때 부모들이 만약 어렸을 적에 했던 그대로의 방식대로 접근
하면 어려움을 겪을 겁니다. 그렇다고 남들이 좋다고 추천한 방
법들을 그대로 적용하는 것도 쉬운 일이 아닙니다. 자식들도 각
자 나름의 특성이 있기 때문입니다. 그 특수성을 고려해서 문제
에 접근해야 합니다. 구체적인 상황에서 최선의 결정을 내리고
적절하게 행동하는 데 필요한 실천적 지혜를 적용해야 하는 것이
지요. 단순한 이론적 지식이 아니라 현실에서 맞닥뜨리는 상황에

맞추어 행동하는 겁니다.

　그렇다면 구체적으로 어떻게 해야 할까요? 아리스토텔레스는 실천적 지혜를 크게 세 가지 요소로 나누어서 알려줍니다. '숙고 deliberation', '선택과 결정 decision', '실천 practice '입니다.

　"우리는 언제나 숙고를 통해 수단을 찾아내고, 무엇을 해야 할지 결정한다."
　"숙고는 행동을 위한 준비이다. 그리고 우리가 숙고를 끝내면, 반드시 행동으로 옮긴다."

《니코마코스 윤리학》

　먼저 숙고는 특정한 상황에서 최선의 선택을 하기 위해 신중하게 고민하고 판단하는 과정입니다. 이는 단순히 생각만 하는 게 아니라 목적을 달성하기 위한 적절한 수단을 찾는 과정입니다. 아리스토텔레스는 숙고를 감정적인 판단이 아닌 이성적인 판단을 바탕으로 한다고 강조했습니다. 객관적인 사실과 주관적인 의견을 구분하여, 문제의 본질을 정확히 파악하는 것이 숙고의 핵심입니다.

　자녀와의 관계를 예로 들면, 내 자식의 나이와 현재 처해 있는 환경과 같은 것들이 객관적인 사실입니다. 그래서 자녀가 놓인 경제적 상황과 친구 구성, 이성과의 관계, 생활 패턴 등 다양한 객관적인 사실들을 먼저 살펴봐야 합니다. 여기서 너무 주관적인 판단은 어느 정도 제외합니다. 객관적인 판단이 흐려지고, 감정이 많이 들어가서 자녀와의 문제를 잘못된 방향으로 해결하려고 시도할 수 있기 때문입니다.

> "훌륭한 사람이란 공감이라는 방법을 잘 적용하는 사람이고 어떤 것을 공감함으로써 잘 구분한 것에 대해서는 우리가 훌륭하다고 말하는 데, 그것이 그 증거다."
>
> 《니코마코스 윤리학》

또한, 숙고에서 중요한 점은 상대방의 입장을 공감하고 경청하는 것입니다. 실천적 지혜는 상대방의 입장과 특수한 상황을 고려해 올바른 판단을 내리는 것이기 때문에, 숙고할 때도 상대방의 입장을 받아들이고 이해하는 것이 필요합니다.

대부분의 부모 입장에서는 자녀의 인생에서 가장 중요한 것이 공부 문제라고 생각할 수 있습니다. 하지만 자식 입장에서는 큰 스트레스가 될 수 있습니다. 왜냐하면 공부를 강조하는 과정에서, 자녀들이 자신의 감정들과 고민들을 무시한다고 생각할 수 있기 때문입니다.

그렇기 때문에 더욱 철저하게 자식의 입장에서 상황을 받아들이고 이해하려는 노력이 필요합니다. 공감과 경청은 단순히 상대

방의 말을 듣는 것이 아닙니다. 생각과 감정을 존중하고 그 상황
에서 오는 어려움을 이해하는 것입니다. "아직 어리니까 저건 틀
린 생각이야"라는 식으로 접근하는 것이 아니라, 자식이 왜 그렇
게 생각하고 반응하는지 깊이 이해하려는 태도가 필요합니다.

　그렇게 자식들과 같은 문제에 있어 실천적 지혜를 발휘해 상대
방의 입장을 깊이 공감하고 그에 따른 적절한 행동을 한다면, 두
사람의 관계가 개선될 가능성이 커집니다. 이런 접근은 일방적인
명령이나 지시가 아닌, 함께 해결책을 찾아가는 대화로 이어질
것입니다.

　"그렇구나. 그런 상황에 놓여 있으면 불안했겠구나.", "그렇지
그러면 네가 무시당했다고 느낄 수도 있지." 이런 식으로 자신의
입장과 생각, 판단을 내려놓고 온전히 이해하고 수용하려는 자세
가 필요합니다.

　결론적으로 숙고는 상황을 객관적이고 정확하게 보기 위한 이
성과 이 상황을 전적으로 이해하기 위한 공감 또는 경청의 자세
가 모두 필요합니다. 어떻게 보면 차가운 이성과 따뜻한 마음을
함께 갖추고 접근해야 주어진 상황을 정확하게 파악할 수 있다고
도 할 수 있겠습니다.

　두 번째로 중요한 실천적 지혜의 요소는 선택과 결정입니다.
즉, 숙고를 통해 나온 여러 가지 선택지 중에서 무엇을 할지 결정

해야 합니다. 여기서 중요한 것은, 내가 이 결정을 왜 하려는지
한 번 더 깊이 생각해 보는 것입니다. 아리스토텔레스가 강조한
개념 중 하나가 바로 '의지적 욕구 voluntary desire'입니다.

"의지적 욕구는 목적을 향한 것이고, 실천적인 일들은 선택에 따
른 것이다."

《니코마코스 윤리학》

아리스토텔레스는 우리가 결정을 내릴 때 반드시 '참된 이
성 reason'과 '올바른 욕구 right desire'가 결합해야 한다고 강조했습
니다. 여기서 이성은 선택지에 대한 논리적이고 합리적인 사고를
의미하며, 욕구는 내가 무엇을 원하는가에 대한 답입니다. 이 두
가지가 결합된 상태가 의지적 욕구입니다.

의지적 욕구란 이성이 올바른 방향과 목표를 설정하고, 그 목
표를 달성하기 위하여 욕구가 행동으로 옮겨지도록 만드는 것을
말합니다. 우리가 어떤 행동을 할 때 내가 이것을 왜 하고 있는
지, 무엇을 위하여 하고 있는지, 혹시 다른 욕망이 그 선택에 영
향을 주고 있는지 생각해 봐야 한다는 뜻입니다.

부모 자식 간의 관계를 예로 들어 보자면, 부모로서 하는 행동
이 그저 행복해지기를 바라는 마음에서 하는 것인지, 또는 자식
이 인생에서 성공했으면 하는 마음인지, 그도 아니면 그저 건강

하고 바르게 자라기를 바라는 마음인지를 고민해 보는 시간을 가져야 합니다. 부모와 자식 간의 관계에서 종종 부모는 자신이 해내지 못했던 일을 자식이 대신 이루어 주길 바라는 기대감을 갖게 됩니다. 아니면 아이가 모든 면에서 잘했으면 하는 마음도 있지요.

　이것은 자식의 인생을 진심으로 존중하고 응원하는 것이 아니라, 부모 자신의 욕구가 뒤에 숨어 있는 경우입니다. 자식이 무엇을 원하는지는 중요하지 않고 부모 자신이 자식에게 원하는 것만 강조하다 보면 자식을 향한 강압이나 압박으로 작용할 때가 많습니다. 이러한 압박감과 강압적인 태도는 자식에게 큰 부담이 될 수 있습니다.

　결론적으로 내가 무엇을 선택하려는지, 그 선택이 어디에서 비롯되었는지를 성찰하는 시간이 꼭 필요합니다. 진정으로 원하는 것이 무엇인지, 욕구의 근원이 무엇인지 스스로에게 질문을 던지는 것입니다. 여기에 올바른 선택과 결정을 내리기 위한 깊은 고민이 동반되어야 합니다.

　실천적 지혜의 마지막 요소는 바로 실천입니다. 아무리 훌륭한 계획과 방법을 알고 있어도 이를 실제로 행동에 옮기지 않으면 아무런 의미가 없습니다. "구슬이 서 말이라도 꿰어야 보배"라는 속담도 있지 않나요? 우리는 실천을 통해 경험을 쌓고 그 경험을 바탕으로 더 나은 행동을 하게 됩니다. 결과가 좋지 않더라도 이를 성장의 과정으로 받아들이고 지속적으로 성찰하면서 자신을 발전시켜야 합니다.

중요한 것은 반복을 통해 습관으로 자리 잡을 때까지 꾸준히 실천하는 것입니다. 올바른 방향이 잡히면 그 방향으로 나아가기 위해 지속적으로 반복하고 실천해야 합니다. 공감과 경청을 하겠다는 다짐을 했다면 그것을 습관으로 만들기 위해 일상에서 끊임없이 적용하고 실천해야 합니다. 실천적 지혜란 단순히 한 번의 행동으로 완성되는 것이 아니라, 지속적인 반복과 성찰을 통해서 비로소 내면에 자리 잡는 것입니다.

"性相近也 習相遠也"
성상근야 습상원야

공자, 《논어》

동양의 철학자이자 사상가인 공자도 《논어》에서 반복의 중요성을 말합니다. "성상근야 습상원야"라는 말은 사람은 누구나 비슷비슷한 수준으로 태어나지만 무엇을 반복하느냐에 따라 차이가 크게 벌어진다는 의미입니다. 이는 우리가 어떤 것을 반복하느냐가 능력을 결정한다는 중요한 의미를 담고 있습니다.

실천적 지혜도 이와 같은 원리를 따릅니다. 아리스토텔레스는 용기는 용감한 행동을 반복하면서 형성되고, 절제는 절제된 행동을 지속적으로 실천하면서 얻게 되는 것이라고 말했습니다. 이는 올바른 행동을 꾸준히 반복하는 것이 필수적이라는 뜻입니다.

"덕은 습관으로부터 생겨난다. 그래서 그 이름도 습관에서 약간 변형된 것이다."

《니코마코스 윤리학》

실천적 지혜란 다양한 상황 속에서 끊임없이 숙고하고, 판단하며, 선택하고, 결정하는 과정의 반복에서 얻어지는 지혜입니다. 이 과정을 인생 전체에 걸쳐 반복하면서 배움과 성장을 경험하게 되고, 그 과정에서 더 지혜로운 사람이 될 수 있습니다.

"건물을 지어 봐야 건축가가 될 수 있고 거문고를 타 봐야 거문고 타는 연주자가 될 수 있는 것처럼, 올바른 행동을 해 본 경험이 있어야 올바르게 되고 절제한 행동을 해 봐야 절제 있는 사람이 되며 용감한 행동을 해 봐야 용감한 사람이 되는 것이다."

《니코마코스 윤리학》

실천적 지혜는 자식 교육뿐만 아니라 인생의 많은 복잡한 문제들에 적용할 수 있습니다. 우리는 삶 속에서 많은 갈등과 고민에 직면하게 됩니다. 이때 실천적 지혜를 통해 숙고하고, 올바른 선택을 내리고, 반복적으로 실천하면서 배움과 성장이 이어진다면 어제보다 조금 더 행복한 인생을 살아갈 수 있을 것입니다.

- 실천적 지혜는 구체적인 상황에서 올바른 결정을 내리고 적절히 행동하는 능력이다.
- 실천적 지혜에는 숙고, 선택과 결정, 실천의 총 세 가지 요소가 있다.
- 참된 이성과 올바른 욕구를 결합하여 올바른 행동을 선택하고 결정하는 것이 중요하다.
- 실천적 지혜는 단순히 문제 해결을 넘어 인간다운 삶을 이루는 데 중요하다.

실천적 지혜는 특정한 상황에서

좋은 결정을 내리는 것과 관련이 있다.

실천적 지혜는 특정한 상황에서

좋은 결정을 내리는 것과 관련이 있다.

절제는 '금지'가 아니라 '즐기는' 것이다

절제

절제는 쾌락을 즐기는 것을 금지하는 것이 아니라,
올바른 방식으로 즐기는 것을 의미한다.

《니코마코스 윤리학》

최근 몇 년 사이 파이어족FIRE, Financial Independence Retire Early 을 꿈꾸는 사람들이 무척 많아졌습니다. 파이어족은 현재의 소비를 철저히 통제하고, 극단적으로 절약하며, 높은 저축률을 유지해 경제적 독립과 조기 은퇴를 목표로 합니다. 외식이나 불필요한 지출 등을 철저히 경계하고, 수입의 50에서 70퍼센트를 저축해 주식, 부동산, 펀드 등에 투자합니다. 이런 삶을 통해 30대, 늦어도 50대 초반에 은퇴하여 원하는 삶을 자유롭게 살아가는 것이 목표죠. 다만 현재의 행복을 희생하고 먼 미래를 위해 사는 삶을

2章 · 불행을 밀어내는 현명함을 찾아서

선택한 만큼, 지나친 절제가 지금의 삶을 불행하게 만들 수 있다는 비판을 받기도 합니다.

반면에 욜로족YOLO, You Only Live Once은 현재의 행복과 만족을 최우선으로 여깁니다. 이들은 여행, 취미, 외식 등 다양한 활동에 적극적으로 돈을 소비하며 순간의 즐거움을 추구합니다. 사회적 기준보다 자신의 가치를 우선시하고 자신의 기준에 맞는 삶을 살아가려 하죠. 그러나 현재에 집중한 나머지 장기적인 경제적 안정성이 위험해질 수 있습니다. 갑작스러운 위기 상황이나 노후 준비 부족으로 인해 미래에 불안정한 상황에 직면할 가능성이 있다는 점에서 욜로족의 삶 또한 비판을 받는 부분이 있습니다.

그렇다면 아리스토텔레스는 이러한 현상을 어떻게 보았을까요? 현재의 즐거움을 위해 미래를 희생하는 것이 더 행복할까요, 아니면 미래를 위해 현재의 즐거움을 내려놓는 것이 훗날 더 큰 행복을 가져다줄까요? 이에 대한 답을 얻기 위해서는 아리스토텔레스가 말하는 '절제'를 알아야 합니다.

절제하는 사람과 무절제한 사람의 결정적인 차이

아리스토텔레스는 절제가 신체적으로 느끼는 쾌락과 욕망과 밀접하게 관련되어 있다고 말합니다. 절제 있는 사람은 과도한

쾌락을 추구하지 않고, 쾌락의 부재로 인한 고통도 느끼지 않는
다는 것입니다.

"절제는 신체적 즐거움과 관련 있다."
"사람들은 그런 것을 통해 다른 욕망의 대상을 연상하고 거기서
기쁨을 얻는데, 이런 사람은 무절제하다고 보기 때문이다."
"무절제한 자는 즐거운 것들의 모두를, 또는 가장 즐거운 것들을
욕구한다. 그리고 다른 모든 것들에 반해서 이것들을 선택할 만큼
욕구에 의해 이끌리는 까닭이다."

《니코마코스 윤리학》

지나치게 쾌락을 추구하지도 않고, 그렇다고 쾌락이 없다고 괴
로워하지도 않는다는 뜻입니다. 즐길 때 즐기지만 그게 전부가
아니라는 걸 알기 때문에 쾌락에 너무 의존하지 않는 상태가 바
로 아리스토텔레스가 말하는 절제입니다.

예를 들어, 절제하할 줄 아는 사람은 맛있는 음식을 즐기지만
그것에 집착하지는 않기에 배가 부른 것을 억지로 참고 필요 이
상으로 먹지 않습니다. 또 그 음식을 즐길 수 있을 때는 마음껏
즐기지만, 먹지 못한다고 해서 괴로워하지는 않는 게 절제의 상
태입니다. 음식이 주는 쾌락을 적당히 즐기되, 그것이 삶의 중심
이 되지 않도록 스스로 조절하기 때문에 좋아하거나 맛있는 음식

을 먹지 못하는 상황이 되더라도 마음의 평온을 잃지 않게 되는
겁니다.

하지만 절제하지 못하고 먹는 사람은 음식에 지나치게 집착합
니다. 우리는 배고프면 먹고, 배가 부르면 그만 먹습니다. 하지만
절제하지 못하는 사람은 아무리 배가 채워져도 먹을 욕심 자체에
집착해 너무 많이 먹게 됩니다. 그리고 음식에 지나치게 과소비
하는 것도 마찬가지입니다. 이처럼 절제하지 못하고 어떤 것들에
지나치게 집착하는 것은 인간의 욕망이 끝이 없기 때문입니다.

"인간의 삶은 만족할 수 없는 욕망의 연속이며, 하나의 욕망이 충
족되면 그 자리에 다른 욕망이 생겨나 우리의 마음을 계속해서 채
우기에 인간은 결코 만족에 도달할 수 없다."

아르투어 쇼펜하우어, 《의지와 표상으로서의 세계》

독일의 철학자 아르투어 쇼펜하우어는 인간의 욕망이 본질적
으로 끝이 없고, 하나의 욕망이 충족되면 또 다른 욕망이 생겨난
다고 보았습니다. 이 때문에 인간은 결코 완전한 만족을 느낄 수
없고, 끊임없이 새로운 욕망을 추구하면서 고통 받게 된다고 설
명합니다. 쇼펜하우어에게 있어 끝이 없다는 욕망의 속성은 인간
이 고통에서 벗어나지 못하는 이유가 됩니다.

대표적인 예로 중독이 있습니다. 중독되었다는 것은 어떤 특정

한 행동이나 물질에 지나치게 빠져 그것 없이는 정상적인 생활을
유지하기 어려운 상태가 된 것을 의미합니다. 이 상태에서는 자
신이 원하지 않더라도 계속해서 그것을 찾게 되며, 생활의 다른
부분을 희생하면서까지 집착하게 됩니다. 게임 중독, 약물 중독,
쇼핑 중독, 도박 중독과 같은 것들이 그렇죠. 결국, 중독은 자신
의 의지로 조절할 수 없는 욕구에 휩싸여 균형 잡힌 삶을 잃는 것
을 뜻합니다.

　이때 욕망이 우리를 무너뜨리지 않도록 하는 방법이 바로 절제
입니다. 절제는 이성을 활용하여 욕망이 우리의 삶을 휘두르지
못하게 선을 긋는 것을 의미합니다. 절제는 욕망 자체를 부정하
거나 억압하는 것이 아니라, 적절한 한도를 정해 균형 잡힌 방식
으로 욕망을 다스리는 것입니다.

　"무절제한 사람은 쾌락에 굴복하지만, 절제 있는 사람은 이성에
　따라 선택한다."

                                                《니코마코스 윤리학》

　예를 들어, 음식을 즐기되 적당히 배가 부르면 멈추는 것, 지나
치게 비싼 음식에 집착하지 않고 자신의 상황에 맞게 즐기는 것
이 절제의 좋은 사례입니다. 마찬가지로 게임을 즐기더라도 시
간을 정해 두고 계획적으로 하고, 쇼핑할 때 한 달의 예산을 정해

그 안에서 소비하는 것도 절제의 실천이 될 수 있습니다.

그렇다면 단순히 욕망과 쾌락을 줄이기만 하면 절제를 잘하고 있는 걸까요? 아리스토텔레스는 "그렇지 않다"라고 답합니다. 그는 지나치게 쾌락을 추구하지 않는 것 역시 올바른 행동은 아니라고 말합니다. 쾌락을 지나치게 억제하려는 태도 역시 문제를 야기할 수 있다는 것이죠.

아리스토텔레스는 쾌락과 욕망이 인간 삶의 자연스러운 일부이며, 이들이 이성적 판단에 의해 잘 관리되고 조율될 때 비로소 삶이 균형과 조화를 이룰 수 있다고 보았습니다. 그는 절제를 이러한 이성적 조율의 결과로 정의하며, 쾌락을 완전히 억제하거나 욕망을 과도하게 탐닉하는 극단적인 두 가지 상태 모두를 경계했습니다.

그중에서도 쾌락과 욕망을 지나치게 억압하는 상태를 '무감각'이라고 표현했습니다. 무감각은 쾌락을 적절히 느끼고 즐길 줄 모르는 상태로, 이는 쾌락과 욕망을 균형 있게 다루는 절제와는 정반대 개념입니다. 절제는 필요할 때 쾌락을 누릴 줄 알면서도 이성적으로 자제하는 능력인데 반해, 무감각은 이런 쾌락에 대한 욕구 자체가 사라지거나 억제된 좋지 못한 상태입니다. 이 때문에 삶 속의 긍정적인 경험조차 누리지 못하는 문제를 갖고 있죠.

현대 심리학 분야에서는 이러한 행복 불감증을 두고 '아네도니아anhedonia'라는 용어로 설명합니다. 아네도니아는 우울증의 주요 증상 중 하나로, 즐거움을 느끼는 능력을 잃어버린 상태를 말합니다. 이 상태에 빠진 사람은 이전에 즐거워하던 활동에서 기쁨을 찾지 못하고 감정적으로 무기력해집니다.

예를 들어, 아네도니아 상태에 빠진 사람은 친구들과의 만남이나 좋아했던 취미 활동, 심지어 맛있는 음식을 먹는 것에서도 아무런 감흥을 느끼지 못합니다. 이런 상태가 지속되면 삶 자체가 단조롭고 무의미하게 느껴지며, 이는 심리적 고립과 더 심각한 정신적 문제로 이어질 수 있습니다. 현대에서는 아네도니아를 치료와 도움이 필요한 증상으로 여기며, 인간에게 있어 쾌락과 기쁨을 느낄 수 있는 능력 또한 건강하고 행복한 삶을 위해 중요하다는 것을 증명합니다.

아리스토텔레스는 쾌락을 지나치게 추구하는 무절제와 쾌락에 무관심한 무감각 모두를 피해야 한다고 강조하며, 이성적 판단에 따라 쾌락을 적절히 누리되 쾌락이 삶의 중심이 되지 않도록 조절하는 상태를 '진정한 덕'으로 보았습니다. 이 덕의 상태는 단순히 쾌락을 자제하는 것이 아니라, 쾌락을 삶의 조화로운 일부로 받아들이는 데 있습니다.

따라서 아리스토텔레스는 일정 수준의 즐거움과 쾌락은 인생에 필요하며, 절제란 단순히 욕망을 억제하는 것이 아니라 이성적 판단을 통해 언제, 어떻게 쾌락을 즐길지를 결정하는 것이라

고 설명합니다. 중요한 것은 그것이 내 삶을 지배하지 않도록 하
는 데 있다는 것이죠.

쾌락과 욕구를 다루는 법

욕망과 쾌락을 다루는 건 어떻게 해야 할까요? 어떻게 해야 적
절하게 절제를 실천하며 살아갈 수 있을까요?

"사람들이 모든 음식에 대해 같은 맛을 느끼는 게 아니듯, 모든
사람이 똑같은 것에 똑같은 수준의 욕망을 느끼지 않는다."

《니코마코스 윤리학》

첫 번째로는 사람마다 욕망과 쾌락을 다르게 느낀다는 사실을
이해해야 합니다. 특히 자기 자신이 무엇에 욕망을 느끼고 어떤
쾌락을 추구하는지 스스로 깨달아야 하겠죠. 예를 들어, 어떤 사
람은 음식을 통해 큰 만족을 느끼는 반면, 다른 사람은 물질적인
소유에 더 강한 욕구를 가질 수 있습니다. 이러한 차이를 무시한
채 일괄적인 기준을 적용하려 한다면 그 기준은 오히려 반작용을
불러올 가능성이 큽니다. 따라서 자신의 성향을 이해하고, 그에
맞게 욕구를 조절하는 것이 필요합니다.

 자신이 어떤 욕망에 약한지를 인식하는 것은 절제를 실천하는
중요한 출발점입니다. 음식에서 쾌락을 느끼는 사람은 식사량을
조절하거나 건강한 식습관을 유지하려는 노력이 필요합니다. 물
질적인 소유에 욕구가 강한 사람은 소비를 계획적으로 줄이는 방
법을 통해 절제를 실천할 수 있습니다. 이렇게 자신에게 맞는 절
제의 기준을 설정하고 이를 실천하면, 쾌락과 욕망을 보다 효과
적으로 관리할 수 있습니다.

 두 번째로는 절제를 한 번의 행동으로 끝내는 것이 아니라 평
생 지속하고 실천하는 습관으로 만들어야 합니다. 절제가 어느
정도 일상의 일부가 되었더라도 방심해서는 안 됩니다. 아무리
오랜 시간 동안 절제하며 살아왔어도 그 절제가 무너지는 것은
한순간이기 때문입니다. 우리의 삶에는 언제든 유혹과 충동이 찾
아올 수 있으며, 이를 놓치면 그동안 쌓아온 절제의 노력이 순식
간에 무너질 위험이 있습니다.

 우리는 종종 뉴스나 미디어를 통해 겉보기에는 잘 살아가던 사
람들이 갑작스레 알코올 중독, 마약, 도박 등으로 인해 인생이 무
너지는 사례를 접하게 됩니다. 이러한 이야기는 절제를 방심했을
때 얼마나 쉽게 삶이 무너질 수 있는지를 보여 줍니다. 따라서 우
리는 언제나 자신의 욕망과 충동을 주의 깊게 살피고 이를 조율
하는 힘을 길러야 합니다.

작은 유혹을 이겨 내는 경험을 쌓는 과정을 반복하면 절제를 일상의 습관으로 만들 수 있습니다. 이렇게 쌓인 절제의 태도는 우리를 유혹으로부터 보호하고, 삶을 더 안정적이고 풍요롭게 만들어 줍니다. 절제란 단순히 욕망을 억누르는 것이 아니라, 평생을 함께하며 삶을 균형 있게 유지하도록 하는 중요한 덕목인 것입니다.

세 번째로는 어떤 쾌락을 누릴 것인가를 결정할 때 그 쾌락이 인생에 어떤 영향을 미칠지를 고려해야 합니다. 아리스토텔레스는 쾌락이 무조건 나쁘거나 억제해야 하는 것이 아니므로 삶에 긍정적으로 작용할 수 있는 방식으로 즐기는 것이 중요하다고 보았습니다.

예를 들어, 힘든 하루를 보낸 뒤 좋아하는 드라마를 보는 것은 스트레스를 해소하는 데 큰 도움이 됩니다. 하지만 드라마 한 편을 보는 것에 그치지 않고 밤늦게까지 여러 편을 몰아보게 된다면 수면 부족으로 인해 다음 날의 컨디션이 나빠지고 생산성이 떨어지겠죠. 내가 선택한 행동이 나의 일상에 어떻게 영향을 줄지를 고려해야 하는 것입니다.

결국 아리스토텔레스가 말하는 절제란 이성적 판단을 통해 쾌락이 삶에 긍정적으로 작용하도록 다루는 것입니다. 그래서 쾌락은 우리의 삶에 활력을 주는 중요한 요소가 될 수 있지만, 그 자

체로 삶의 중심이 되어서는 안 됩니다. 쾌락을 삶의 올바른 방향
에 맞게 조정하는 능력을 키워 더 건강하고 균형 잡힌 삶을 살아
야 합니다.

아리스토텔레스의 절제 개념은 '파이어족과 욜로족의 삶의 방
식 사이에서 어떻게 더 행복한 삶을 살아갈 것인가?'에 대한 답을
제공합니다. 아리스토텔레스는 이 질문에 대해 적절하게 현재를
즐기면서 살아가되, 미래를 위한 대비를 함께 해야 한다고 답합
니다. 중요한 건 두 가지 선택지 사이에서 극단적으로 한쪽으로
치우쳐서는 안 된다는 점이겠죠.

삶을 살다 보면 다양한 상황들이 만들어질 것이기에 상황에 맞
는 선택을 하면 됩니다. 가족들과 즐겁게 여행가서는 조금 더 소
비를 하고, 대신 일상생활은 검소하게 살며, 언제나 미래를 위한
자산을 쌓는 것을 소홀히 하지 않는 방식으로 말이죠. 이것이 바
로 삶의 목적과 방향에 맞게 쾌락과 욕구를 적절히 누리고 조절
하라는 아리스토텔레스의 지혜입니다.

- 쾌락은 삶에 활력을 주는 요소지만, 절제되지 않으면 삶을 지배
  하게 되고, 지나치게 억압하면 무감각으로 이어질 수 있다.
- 절제는 삶의 안정성과 행복을 유지하는 데 중요한 덕목이며, 쾌
  락의 균형을 통해 건강하고 조화로운 삶을 가능하게 한다.

· 무절제와 무감각은 모두 경계해야 하며, 절제는 두 극단 사이의 균형 상태다.

· 쾌락과 욕망은 인간 삶의 자연스러운 일부이며, 이성을 통해 이를 적절히 다스릴 때 삶의 균형과 조화가 이루어진다.

절제는 쾌락을 즐기는 것을 금지하는 것이 아니라,

올바른 방식으로 즐기는 것을 의미한다.

절제는 쾌락을 즐기는 것을 금지하는 것이 아니라,

올바른 방식으로 즐기는 것을 의미한다.

두려움을 인정한 뒤에
따라오는 것들

용기

용기는 두려워해야 할 것을 두려워하고,
두려워하지 않아야 할 것을 두려워하지 않는 것,
그리고 옳은 이유를 위해 올바르게 행동하는 것이다.

《니코마코스 윤리학》

보통 '변화와 도전을 두려워하지 말라'와 같은 말들은 자기계발
서에서 흔히 볼 수 있는 말이죠. 이 문장은 더 나은 삶, 더 행복한
내일을 위해 지금의 안락함을 벗어나라고 우리를 부추깁니다. 하
지만 모든 변화가 반드시 성공으로 이어지는 걸까요? 때로는 변
화를 향한 과감한 도전이 처절한 실패로 돌아오기도 합니다.

예를 들어, 어떤 사람이 더 나은 미래를 위해 큰 변화를 결심하
고 부자가 되겠다는 목표를 세웠다고 가정해 봅시다. 안정적인

삶에 안주하기보다는 평소라면 상상도 못할 방식으로 가진 돈을
주식에 투자하며 성공을 꿈꾸게 되겠죠. 두려움을 억누르고 용기
를 내야만 성공한다고 믿기 때문입니다. 하지만 그의 선택은 곧
막대한 손실로 이어질 확률이 큽니다. 주식 시장은 냉혹하고, 우
리의 재산은 한정적이기 때문이죠.

이 이야기는 우리에게 한 가지 질문을 던집니다. "이것이 진짜
용기일까?" 변화를 두려워하지 말라는 말은 언뜻 우리를 일깨우
는 주문처럼 들리지만, 변화의 의미를 제대로 이해하지 못한 채
무작정 도전하면 처절한 실패를 경험하는 지름길이 됩니다. 두려
움을 극복하는 것이 때로는 용기일 수 있지만, 이 상황에서는 무
모함에 가까웠습니다. 그렇다면 진정한 용기란 무엇일까요? 아리
스토텔레스는 이 질문에 명확한 답을 제공합니다.

"용기는 비겁함과 무모함 사이의 중간 상태이다."

《니코마코스 윤리학》

그는 용기를 비겁함과 무모함 사이의 '균형'이라고 정의하며,
우리에게 삶을 살아가는 방향을 제시합니다. 여기서 말하는 균형
이란 건 무슨 뜻일까요?

용기를 발휘할 때 사람들은 종종 두 가지 극단으로 치우칩니

다. 하나는 두려움을 무시하고 무모하게 행동하는 경우입니다. 이런 행동은 겉으로는 용기로 보일 수 있지만, 실제로는 결과를 생각하지 않은 무모함에 가깝습니다. 나머지 하나는 두려움 때문에 아무것도 하지 않는 경우입니다. 보통 '괜히 실패하면 어떡하지?', '결과가 좋지 않을 것 같아'와 같은 이유로 도전을 포기합니다. 두려움에 갇혀 시도조차 하지 않으면 변화나 성장은 기대할 수 없는데도 말이죠.

아리스토텔레스는 이 두 극단을 피하고 합리적인 판단을 통해 적절한 행동을 선택하는 것이 바로 균형이라고 말했습니다. 즉, 용기란 이 두 극단 사이에서 현명하게 중심을 잡는 것입니다.

한때 인터넷에서 화제가 되었던 두 연예인의 사연이 떠오릅니다. 한 사람은 갑작스레 안정된 연예 활동을 접고 자신의 모든 시간과 돈을 투자해 식당을 차렸습니다. '내 요리를 세상에 알리고 싶다'라는 열정으로 시작했지만, 그의 식당은 몇 개월 만에 문을 닫고 맙니다. 주방 경험이 부족했고, 식당 운영에 필요한 기본적인 지식도 없었기 때문입니다. 사람들은 그의 결정을 두고 용기 있다고 말했지만, 결과적으로는 무모한 시도에 가까웠습니다.

또 다른 사람은 요리에 대한 열정을 키우면서 몇 년간 관련 교육을 받고, 작은 팝업 레스토랑부터 시작해 조금씩 경험을 쌓았습니다. 그는 안정된 기반 위에서 천천히 자신의 꿈을 키워 결국 성공적인 외식 사업가로 거듭났습니다. 그의 접근 방식은 비겁하지도, 무모하지도 않았습니다. 이것이 바로 진정한 용기의 사례입니다.

이 두 이야기는 진짜 용기가 무엇인지를 우리에게 잘 보여 줍니다. 두려움 때문에 꿈을 포기하거나, 반대로 아무런 준비 없이 모든 것을 거는 것 모두 극단적인 선택입니다. 이것은 용기가 아닙니다. 진정한 용기란 이 두 극단 사이에서 균형을 잡고, 현실적이고 현명하게 행동하는 것입니다. 이러한 접근이야말로 실패를 최소화하면서도 도전을 통해 성장하고 행복해질 수 있는 방법을 제공합니다.

용기를 가로막는 두려움을 없애는 방법

용기는 두려움이라는 감정과 연결됩니다. 두려움이 없다면 용기를 발휘할 필요도 없기 때문입니다. 두려움은 우리가 위험을 인식하고, 신중하게 행동하도록 돕는 본능적인 감정입니다. 두려움을 완전히 없애려고 하거나, 반대로 두려움에 압도되어 아무것도 하지 못한다면 용기는 존재하지 않습니다. 용기는 두려움을 무시하거나 억누르는 것이 아니라, 두려움이 생겼을 때 어떻게 대응하는가에 달려 있습니다.

"무슨 일이든 회피하고 두려워하며 어떤 자리도 지켜 내지 못하는 사람은 비겁한 사람이 되는 것이고, 이와 반대로 무슨 일이든 결코 두려워하지 않으면서 모든 일에 뛰어드는 사람은 무모한 사람이 되는 것이다."

《니코마코스 윤리학》

아리스토텔레스는 두려움을 나쁜 감정이 아닌 '필요한 감정'이라고 보았습니다. 두려움은 위험을 알아차리고, 스스로를 보호하도록 돕는 중요한 역할을 합니다. 그러나 두려움에 벌벌 떠느라 해야 할 일을 하지 못하게 된다면, 그것은 더 이상 도움이 되지 않습니다. 이때 필요한 것이 바로 용기입니다.

높은 다리를 건너야 하는 상황을 생각해 봅시다. 다리 아래를 내려다보면 두려움이 생깁니다. 이 두려움은 우리를 조심하게 만들고, 난간을 단단히 잡게 하며, 한 걸음 한 걸음을 신중하게 내딛도록 합니다. 두려움이 없다면 무모하게 뛰어가다 실수로 떨어질 위험이 크겠죠. 반대로 두려움에 압도되면 아예 다리 건너기를 포기하고 돌아서 버릴 수도 있습니다.

이에 비추어 볼 때, 결국 용기란 두려움과의 올바른 관계에서 형성됩니다. 두려움은 우리 삶의 도전과 변화 앞에 늘 존재합니다. 용기는 두려움을 없애는 것이 아니라 두려움을 마주하고 올바른 행동을 선택하는 과정에서 발휘되기에, 어쩌면 두려움이 용

기를 키우는 출발점이라고도 할 수 있습니다. 두려움을 이해하고
두려움을 통해 성장하는 것, 그것이 용기의 진짜 모습입니다.

그렇다면 어떻게 두려움을 다룰 수 있을까요? 두려움을 다루는
첫 번째 방법은 두려움을 '인정하는 것'입니다. 두려움을 부정하
거나 숨기려 하면 오히려 그 감정에 압도되기 쉽습니다. 두려움
은 인간이 본능적으로 느끼는 감정이며, 생존을 위해 꼭 필요한
신호이기도 합니다. 중요한 것은 그 두려움을 잘 들여다보고, 내
가 왜 두려움을 느끼는지를 이해하는 것입니다. 예를 들어, 무대
앞에서 떨리는 이유가 단순히 사람들의 시선 때문인지, 아니면
준비가 부족해서인지 알아야 대처할 방법도 찾을 수 있습니다.

두 번째 방법은 두려움을 '작게 나누어 다루는 접근법'입니다.
큰 도전은 누구에게나 위압적으로 느껴질 수 있지만, 그것을 작
은 단계로 나누면 두려움은 줄어듭니다. 예를 들어, 대중 앞에서
말하는 것이 두렵다면 처음부터 큰 무대에 서려고 하기보다는 소
규모 그룹에서 발표하는 것부터 시작해 보는 겁니다. 작은 성공
을 반복하다 보면 두려움은 점차 익숙함으로 바뀌고, 용기는 자
연스럽게 자라납니다.

세 번째 방법은 두려움 앞에서 이성적으로 판단할 수 있도록
'질문해 보는 것'입니다. 두려움은 종종 과장되거나 비현실적일
때가 많습니다. "이 일이 정말 그렇게 큰 위협인가?", "내가 감당

할 수 없는 일인가?"와 같은 질문을 스스로에게 던지며 두려움을 현실적으로 바라보는 연습이 필요합니다. 대부분의 경우 두려움은 실제보다 훨씬 커 보일 뿐입니다.

마지막 방법은 '행동으로 옮기는 것'입니다. 두려움은 가만히 있으면 더욱 커지게 마련입니다. 반대로, 작은 행동이라도 실천하기 시작하면 두려움은 점차 약해집니다. 용기란 두려움이 없는 상태가 아니라, 두려움을 안고도 행동하는 상태라는 점을 기억해야 합니다.

두려움은 우리가 도전하고 성장할 기회를 제공합니다. 또한 두려움을 다룬다는 것은 단순히 그것을 없애는 것이 아니라 두려움을 통해 자신을 이해하고 한 단계씩 앞으로 나아가는 것입니다. 그 과정을 통해 우리는 두려움 속에서 용기를 발견하게 됩니다. 진정한 용기는 두려움을 피하지 않고, 그 속에서 더 나은 선택을 발견하는 능력에서 비롯됩니다. 두려움이 아닌 자신이 상황을 통제할 수 있다는 믿음이야말로 진짜 용기의 시작입니다.

용기와 무모함의 결정적 차이

용기의 또 다른 중요한 요소는 옳은 목적을 위해 위험을 감수하는 것입니다. 단순히 두려움을 이겨 냈다는 이유로 모든 행동이 용기로 인정되는 것은 아닙니다. 용기를 내서 법을 어기거나, 자신의 이익만을 위해 타인에게 피해를 주는 행동을 하는 것은 용기가 아니라 무모함이나 비윤리적 선택에 가깝습니다. 아리스 토텔레스는 용기가 반드시 '도덕적이고 가치 있는 목적을 위해 사용되어야 한다'라고 강조했습니다.

진정한 용기는 개인의 욕심을 넘어 더 큰 가치를 추구하는 데서 빛을 발합니다. 자신의 명예를 얻기 위해 위험한 결정을 내리는 것과 타인을 돕기 위해 같은 위험을 감수하는 것은 본질적으로 다릅니다. 전자는 자기중심적인 행동에 불과하지만, 후자는 공동선 common good 과 도덕적 가치를 따르는 진정한 용기의 사례라 할 수 있습니다.

우리 주변에서도 이러한 진정한 용기를 발견할 수 있습니다. 예를 들어, 구조대원이 자신의 생명을 걸고 위험에 빠진 사람을 구하려는 행동은 모두가 칭송합니다. 이는 자신의 이익이 아닌 타인을 위한 행동이라는 점에서 진정한 용기로 평가받습니다. 용기가 목적과 연결되어야 하는 이유는 단순합니다. 목적이 올바르지 않다면, 그 행동은 타인과 사회에 해로울 수 있기 때문입니다. 아리스토텔레스는 이를 두고 "덕목으로서의 용기는 이성적 판단과 도덕적 가치를 바탕으로 해야 한다"라고 말했습니다.

용기는 단순히 행동의 크기나 위험의 정도로 평가되지 않습니다. 그 행동이 얼마나 가치 있고, 얼마나 올바른 목적을 위해 이루어졌는지가 핵심입니다. 무모함이 아니라 용기를 발휘하고 싶다면 "이 위험이 단순히 나를 위한 것인가, 아니면 더 큰 선을 위한 것인가?"라고 물을 수 있어야 합니다. 긍정적으로 답할 수 있을 때라야 비로소 그 행동이 진정한 용기로 인정받을 것입니다.

　그렇다면 이러한 용기는 어떻게 얻을 수 있을까요? 아리스토텔레스는 용기는 '습관과 훈련'을 통해 형성된다고 보았습니다. 타고나는 것이 아니라 반복적인 행동과 경험을 통해 점진적으로 발전시켜야 한다는 것이죠. 한 번의 용기 있는 행동이 단번에 우리를 용감한 사람으로 만들지는 않습니다.

　습관은 우리의 행동을 결정합니다. 정직한 행동을 반복하면 정직이 습관이 되고, 이는 결국 우리의 성격이 됩니다. 마찬가지로, 위험 앞에서 현명하게 행동하고 두려움을 극복하는 선택을 반복한다면 용기는 점차 우리의 일부가 됩니다. 이는 앞서 말한 두려움을 다루는 세 가지 방법에서부터 시작할 수 있습니다.

　용기를 키우는 데 있어 가장 중요한 질문은 바로 "내가 감수하려는 이 두려움이 정말 가치 있는가?"라는 질문입니다. 이 질문은 단순히 두려움을 극복하려는 마음에서 더 나아가, 왜 이 두려움을 감수해야 하는지, 그리고 그 결과가 어떤 의미를 가질지 깊이 생각하게 만듭니다. 아리스토텔레스의 철학은 이런 질문을 통해 스스로를 돌아보고, 더 나은 선택을 할 수 있는 지혜를 제공합니다.

앞에서 나온 내용을 요약하면 용기라는 건 다음의 네 가지 요소로 구성할 수 있습니다. 바로 균형, 판단, 목적, 반복적인 훈련입니다.

균형은 용기의 가장 기본적인 토대입니다. 위험을 무조건 회피하는 것도, 아무 준비 없이 무모하게 도전하는 것도 모두 용기라고 할 수 없습니다. 용기는 두려움을 느끼면서도 그 두려움에 압도되지 않고 감당할 수 있는 위험을 선택하는, 즉 비겁함과 무모함 사이의 균형 잡힌 태도에서 시작됩니다.

판단은 용기를 실질적으로 실행에 옮기는 데 필요한 과정입니다. 용기 있는 행동을 하려면 상황을 냉철하게 분석하고, 그 행동이 어떤 결과를 초래할지 예상하며, 그 결과가 감당할 만한 가치가 있는지 따져 봐야 합니다.

목적은 용기가 의미를 갖기 위해 반드시 필요한 요소인데, 아리스토텔레스는 용기에 대해 "개인의 명예나 이익만을 위해 발휘될 때는 진정한 덕목이 될 수 없다"라고 말했습니다. 용기는 더 큰 가치, 특히 공공선이나 자신과 타인을 위한 의미 있는 목표를 위해 사용될 때 진정한 빛을 발합니다.

마지막으로, 반복적인 훈련은 용기를 지속 가능한 덕목으로 만드는 핵심입니다. 아리스토텔레스는 용기를 꾸준한 훈련과 습관의 결과라고 보았습니다. 처음에는 두려움에 떨며 시작했던 행동도 반복적으로 시도하다 보면 점점 자신감을 얻게 되고, 그것이

몸에 배어 자연스러운 성격으로 자리 잡게 되는 것과 같습니다.

아리스토텔레스가 바라본 용기는 하나의 삶의 방식입니다. 단순히 극복해야 할 과제가 아니라 우리가 매 순간 선택과 행동을 통해 구현해야 할 덕목이죠. 위험과 도전 속에서도 균형과 판단, 그리고 목적을 잃지 않는 삶을 통해 진정한 용기를 발휘하는 인생이 되길 바랍니다.

- 용기는 극단적 두려움(비겁함)과 과도한 자신감(무모함)을 피하고, 합리적인 판단에 기반한 균형 잡힌 행동을 의미한다.
- 용기는 두려움이라는 감정을 무시하지 않고, 이성적으로 마주하며 대응하는 것이다.
- 용기의 의 네 가지 핵심은 균형, 판단, 목적, 반복적인 훈련이다.
- 용기는 단순히 두려움을 이겨 내는 행동이 아니라, 도덕적이고 가치 있는 목적을 위한 행동이어야 한다.

3장

균형만
잘 잡으면
넘어지지 않는다

이성과 감정

올바른 상황에서
올바른 감정을 느끼는 법

감정론

---◇---

감정은 욕망, 분노, 두려움, 대담함, 시기, 기쁨, 친애, 미움, 갈망,
시샘, 연민 등 일반적으로 즐거움이나 고통이 동반하는 것들이다.

《니코마코스 윤리학》

몇 년 전부터 사람들의 성격을 16가지로 분류한 MBTI의 인기
가 식을 줄 모르고 계속되고 있습니다. 특히 T(사고형)와, F(감정
형) 간의 갈등에 관한 이야기는 논쟁의 불씨가 될 때가 많습니다.
실제로 두 사람이 대화를 하다 서로 다른 성향 때문에 오해가 생
기고 감정이 상한 일들은 이제 흔한 일이 되었습니다.

예를 들어, 남편은 T형이고 아내는 F형인 한 부부가 있다고 가
정해 봅시다. 아내가 직장에서 부당하게 비난받아 큰 스트레스를
안은 채 집에 돌아와 남편에게 그 일의 자초지종을 털어놓는다면

분명 위로를 기대한 행동이었을 겁니다. 하지만 T형인 남편의 기
본 성향은 공감보다는 문제 해결에 좀 더 기울어져 있을 겁니다.
"정말 힘들었겠다"와 같은 공감의 말 대신 "왜 비난하는지 이유는
물어봤어?"라고 분석적으로 접근한다면 아내는 서운함을 느끼지
않을까요?

아내는 자신의 감정을 이해받지 못한다고 느끼고, 남편은 문제
해결을 돕기 위한 조언이 왜 받아들여지지 않는지 답답해 할 겁
니다. 아내는 위로를 원하고 남편은 감정을 비효율적으로 여기는
성향이기 때문에, 서로의 기대와 반응이 어긋나고 갈등이 깊어질
수밖에 없겠죠. 결국은 "넌 감정 없는 기계 같다"라고 비난하는
아내와 "넌 너무 감정적이다"라며 응수하는 남편의 대화는 격화
된 부부싸움으로 이어질 확률이 큽니다.

서로 다른 기대와 접근 방식이 생기면 그 인간관계에서의 감정
적 거리는 점점 더 멀어지기만 할 겁니다. 아내와 같은 성향은 상
대방이 자신의 감정을 무시한다고 느낄 테고, 남편과 같은 성향
은 상대방이 논리적인 해결책을 받아들이지 않는다며 답답해 하
겠죠. 결국 이 인간관계는 서로의 입장을 이해하지 못한 채 갈등
만 남게 될 겁니다.

감정의 두 가지 얼굴

우리가 자주 말하는 '감정 pathos'은 고대 그리스의 수많은 철학자가 탐구한 주요 주제 가운데 하나였습니다. 특히 아리스토텔레스의 스승인 플라톤과 플라톤의 스승인 소크라테스는 감정을 대체로 부정적으로 보았습니다. 그들은 인간의 이성적인 능력을 중요하게 여기고, 감정이야말로 사람이 잘못된 행동을 하는 주요원인이라고 생각했습니다. 더불어 실질적인 실천을 중시했던 고대 그리스의 스토아학파도 감정을 억제되어 감정이 없는 상태를이상적이라고 생각했습니다.

아리스토텔레스는 감정을 다르게 보았습니다. 감정이 무조건부정적인 것이 아니라 상황과 조건에 따라 부정적일 수도 있고긍정적일 수도 있다고 생각했습니다. 그는 이성과 감정은 조화로운 관계를 이루어야 하며, 오히려 올바른 감정은 인간에게 필수적이라고 보았습니다.

또한, 이성은 우리가 바르게 판단하도록 돕지만, 감정은 우리를더 나은 방향으로 행동하게 만드는 동력이 될 수 있다고 믿었습니다. 이를 이해하기 쉽게 MBTI에 빗대어 생각해 보면 플라톤과 소크라테스는 T형에 해당하고, 아리스토텔레스는 T형에 가깝긴 하지만 F형이 매우 중요하다고 생각한 것이지요.

그렇다면 아리스토텔레스는 감정을 뭐라고 설명했을까요? 감
정이라는 것은 삶의 긍정적인 원동력이 되기도 하지만, 반대로
부정적인 결과를 초래할 수도 있는 '이중성'을 지니고 있습니다.
우리가 감정에 제대로 대응하지 못하면 삶을 망치기도 하고, 제
대로 조절할 수 있다면 생산적인 삶을 만들기도 합니다.

아리스토텔레스는 '올바른 상황에서 올바른 감정을 느끼는 것'
이 중요하다고 설명합니다. 똑같은 감정이라도 상황에 따라서 올
바른 감정이 될 수 있고, 나쁜 감정이 될 수도 있는 것이지요. 이
것을 분노를 예로 들어 설명합니다. 정당한 상황에서 정당한 이
유로 느끼는 분노는 도덕적이고 정의로운 행동을 이끌 수 있지
만, 지나치게 과격하거나 부당하게 표출되는 분노는 폭력과 갈등
을 일으킬 수 있습니다. 감정의 이중성을 이해하는 것이 중요한
이유입니다.

현대 사회에서도 마찬가지입니다. 감정이 긍정적으로 작용하
면 사회적 유대감이 생기고, 공감이 증진되며, 도전과 목표 달성
을 위한 동기가 되기도 합니다. 그러나 감정이 부정적으로 작용
할 때는 분노, 질투, 불안이 심해져 대인관계와 정신 건강에 모두
나쁜 영향을 끼칠 수 있습니다.

이러한 감정을 올바른 방향으로 이끌려면 무엇이 필요할까요?
아리스토텔레스는 '이성'이라고 답하며, 감정을 이성으로 다스리
는 것이 중요하다고 강조합니다. 여기서 중요한 것은 이성을 동

원해 감정을 무조건 억누르거나 감추는 것이 아닙니다. 상황에 맞게 조절하면서 때로는 자신의 감정을 적절하게 표현하는 것을 뜻합니다. 또한, 자신의 감정뿐만 아니라 타인의 감정을 이해하고 이를 바탕으로 올바르게 행동하는 능력도 중요합니다.

억누르는 것보다 중요한 건 표출하는 방법이다

감정을 잘 다루려면 어떻게 해야 할까요? 아리스토텔레스는 자신의 저서 《수사학》에서 감정의 다양한 특성과 발생 조건을 깊이 있게 다루었습니다. 그는 감정이 특정 상황에서 어떻게 발생하는지, 사람들이 특정 감정을 느끼는 이유는 무엇인지 분석했습니다.

예를 들어, 분노는 자신이 무시당하거나 불공평한 대우를 받을 때 발생한다고 보았습니다. 단순히 화를 내는 행동 자체가 아니라 '정당한 대우를 받지 못했다'라는 판단에서 비롯되는 감정입니다. 직장에서 동료가 자신의 기여를 무시하거나 인정하지 않을 때 느끼는 분노를 예시로 들 수 있습니다. 이 감정은 단순히 동료의 행동에 반응하는 것이 아니라 '나는 존중받을 가치가 있다'라는 개인의 믿음과 기대가 충족되지 않았기 때문에 발생합니다.

연민의 경우에는 타인의 고통에 대한 관심과 공감을 통해 발생하는 감정으로 정의했는데, 이 감정은 타인이 처한 상황이 자신의 도덕적 기준이나 가치를 위협한다고 느껴질 때 발생합니다. 예컨대, 길에서 어려움을 겪고 있는 노숙자를 보고 연민을 느끼는 이유는 그들의 고통이 우리의 공감 능력과 도덕적 책임감을 자극하기 때문입니다. 아리스토텔레스는 이러한 연민이 단순히 타인의 불행에 반응하는 것이 아니라 '그들을 도와야 한다'라는 도덕적 신념에 의해 강화된다고 보았습니다.

아리스토텔레스는 이러한 분석을 통해 감정이 단순한 마음의 반응이 아니라 '가치관', '기대', '상황에 대한 해석'에서 비롯된다고 주장했습니다. 감정은 어떤 사건 자체보다 그 사건을 우리가 어떻게 해석하느냐에 따라 달라진다는 것입니다. 비슷한 상황에서 어떤 사람은 분노를 느끼는 반면 어떤 사람은 무관심하거나 심지어 유머로 넘길 수 있는 이유는 그 상황을 받아들이는 개인의 관점과 믿음이 다르기 때문이라는 겁니다.

아리스토텔레스의 감정 이론은 감정을 단순히 억누르거나 회피하는 데 있지 않고, 그 감정이 어떤 조건에서 발생했는지 분석하고 이해하는 데 초점을 맞추게 합니다. 현대 사회에서도 이러한 접근법은 매우 유용합니다.

심리 치료 등에서 사람들이 느끼는 불안이나 분노의 원인을 과거 경험, 현재 상황, 그리고 미래에 대한 두려움 등으로 분석하는 이유는 이를 통해 환자가 감정을 더 잘 이해하고 그에 따른 행동을 조율할 수 있도록 돕기 위함입니다. 감정에 어떤 정답이 있는 건 아닙니다. 중요한 것은 우리가 가진 이성이라는 도구를 활용해 감정을 잘 관리하고, 적절히 표현하며, 올바른 감정을 지향하는 것입니다.

현대 심리학에서는 감정의 발생과 관리를 체계적으로 연구해 왔습니다. 심리학자 리처드 라자루스Richard Lazarus는 '인지 평가 이론cognitive appraisal theory'을 통해 감정이 단순한 자극-반응이 아니라 사건에 대한 인지적 평가에 따라 형성된다고 설명했습니다. 즉, 특정 상황을 어떻게 해석하느냐에 따라 감정의 종류와 강도가 달라진다는 것입니다.

그렇다면 이러한 감정을 잘 관리하고 분석하려면 무엇을 어떻게 해야 하는 걸까요? 이를 실천하는 대표적인 방법으로는 '감정 일기' 쓰기가 있습니다. 감정 일기는 자신이 하루 동안 느낀 감정을 기록하고 원인과 결과를 분석하는 도구입니다. 이는 아리스토텔레스가 강조한 "감정의 원인과 결과를 분석하라"라는 가르침과도 유사합니다. 감정 일기 쓰기를 통해 자신의 감정을 객관적으로 바라보고, 그 감정을 어떻게 다룰지 생각할 수 있습니다.

감정 일기를 작성할 때는 '사건-감정-원인-대처'의 네 단계를 사용하면 체계적이고 명확하게 감정을 다룰 수 있습니다. 먼저, 감정을 느끼게 된 사건을 기록합니다. 이 단계에서는 감정이 발생한 구체적인 상황을 객관적으로 적고 주관적인 판단을 제외합니다. 예를 들자면, '오늘 아침 회의에서 내 아이디어가 검토되지 않고 넘어갔다'처럼 사실 그대로 간결하게 작성하는 겁니다.

두 번째에는 그 사건으로 인해 느낀 감정을 구체적으로 적습니다. 단순히 '화가 났다'처럼 모호하게 적기보다는 감정을 세분화하여 '서운함(8/10), 짜증(6/10)'처럼 강도까지 포함해 기록하면 자신이 느낀 감정을 더 명확히 이해할 수 있습니다.

세 번째로는 그 감정을 느낀 원인을 분석합니다. 여기서는 단순히 '팀장이 잘못했다'라고 적기보다는 자신의 생각과 신념, 과거 경험 등이 감정에 어떻게 영향을 미쳤는지 깊이 고민하는 것이 중요합니다. '내 아이디어가 무시된 것 같아서 자존감이 떨어졌고, 이전에 비슷한 경험이 있었던 것이 과민 반응으로 이어졌다'라는 식으로 기록하면 문제의 본질에 다가갈 수 있습니다.

마지막으로 그 감정에 대처한 방법과 앞으로의 계획을 작성합니다. '처음에는 팀장에게 불만을 표출하고 싶었지만 감정을 억누르고 감정 일기를 쓰며 원인을 분석했다. 내일 1:1 대화를 요청해 아이디어를 명확히 전달하고 내 기여를 어필하기로 했다'와 같이 적으면, 부정적인 감정을 생산적으로 활용할 수 있는 대안을 마련할 수 있습니다. 이를 구현하면 다음과 같은 모양새의 일기를 작성할 수 있습니다.

날짜	20XX년 XX월 XX일 X요일
무슨 일이 있었을까?	오늘 아침 회의에서 내 아이디어가 검토되지 않고 넘어갔다.
어떤 감정을 느꼈을까? (10점 만점)	• 서운함(8/10) • 짜증(6/10)
그런 감정을 느낀 원인은 무엇일까?	• 내 아이디어가 무시된 것 같아서 자존감이 떨어졌다. • 이전에 비슷한 경험이 있었던 것이 과민 반응으로 이어졌다.
이 감정에 어떻게 대처할까?	• 팀장에게 불만을 표출하고 싶은 감정을 억누르고 감정 일기를 쓰며 원인을 분석했다. • 내일 1:1 대화를 요청해 아이디어를 명확히 전달하고 내 기여를 어필해야겠다.

이처럼 감정 일기를 쓰면서 자신의 감정을 객관적으로 이해하고 해결 방안을 찾는 과정을 반복하면 감정적으로 더 성숙해지고 대인 관계에서도 긍정적인 변화를 이끌어 낼 수 있습니다. 차분히 정리하는 시간을 가지면서 감정을 무조건 억누르거나 과도하게 발산하지 않고 이성과 감정의 균형을 유지하는 방법을 찾는 것입니다. 이는 현대 사회에서 정신 건강을 지키고, 대인 관계에서 갈등을 줄이는 데 중요한 역할을 합니다.

"감정과 이성의 조화를 통해 삶을 더 나은 방향으로 이끌어갈 수 있다."

《니코마코스 윤리학》

이성과 감정이 서로 대립하는 것이 아니라, 서로 보완하며 조화롭게 작용해야 한다고 주장한 것입니다. 감정과 이성의 균형이 이루어질 때 우리는 더 나은 의사결정을 내리고, 충만하며, 행복한 삶을 살 수 있습니다. 이는 개인의 성장과 인간관계에서 중요한 교훈입니다.

사람에게 감정이 지나치게 부족하면 중요한 행동의 원동력을 잃게 됩니다. 즐거움과 고통이 우리에게 행동의 동기를 부여하는 핵심 요소이기 때문이죠. 반대로 감정만을 지나치게 강조하면 비합리적이거나 도움이 되지 않는 선택을 할 가능성이 높아집니다. 따라서 이성과 감정이 균형을 이루는 것이 중요합니다. 그래야만 아리스토텔레스가 말한 것처럼 올바른 삶과 올바른 행동으로 나아갈 수 있을 것입니다.

· 감정은 상황에 대한 즐거움과 고통과 연결된 해석과 평가에서 비롯된다.
· 감정은 억누르는 것이 아니라, 이성을 활용해서 잘 관리하고 조율하는 것이 중요하다.
· 감정은 잘 다루면 긍정적인 결과를, 잘못 다루면 부정적인 결과를 초래한다.
· 감정을 잘 조절하고, 실천하는 대표적인 방법으로 감정 일기 쓰기가 있다.

나 자신을
제대로 사랑하기

이성적 자기애

―――◇―――

좋은 사람은 자기를 사랑하는 사람이다.

《니코마코스 윤리학》

여기에 자기 관리를 철저히 하는 한 사람이 있습니다. 매일 아침마다 명상을 하며 하루를 시작하고, 점심에는 유기농 식사를 즐긴 뒤 체육관에서 운동을 하며, '나 자신을 사랑하는 삶이 최우선'이라는 철학을 지니고 있습니다. 그의 생활 방식은 동료들에게 영감을 주기도 했지만, 한편으로는 이기적으로 보였습니다.

중요한 프로젝트 마감일이 다가오자 팀원들은 밤늦게까지 업무에 몰두하며 힘을 합쳤습니다. 하지만 그는 매일 정시에 퇴근하며 이렇게 말했습니다. "저는 자기 자신을 사랑하기로 했어요. 제 건강이 우선입니다. 여러분도 자기 자신을 더 사랑하세요!" 처음엔 팀원들도 이해하려 했습니다. 하지만 그가 떠난 뒤 늘 남겨진 업무를 처리해야 하는 것은 다른 팀원들의 몫이었습니다.

한 동료가 "모두 힘든 상황인데 조금 더 도와달라"라고 부탁했지만, 그는 미소를 지으며 말했습니다. "저는 제가 갖고 있는 자기 자신을 사랑하는 마음을 지키기로 했어요. 제가 행복해야 일이 더 잘되지 않겠어요?" 팀원들은 그의 말에 아무런 반박도 하지 않았지만, 속으로 묻지 않을 수 없었습니다. '그게 정말 자기 자신을 사랑하는 건가요?'

우리는 여기에서 이런 문제를 생각해 보아야 합니다. 자기애가 타인과의 관계와 공동체에 피해를 준다면, 그것은 진정한 자기 사랑이라 할 수 있을까요?

'나를 위한다'라는 말의 진짜 뜻

아리스토텔레스는 진짜로 자기 자신을 사랑하는 것이 무엇인지 설명했습니다. 그의 관점에서 자기 자신을 사랑한다는 것은 '지금의 나'와 '내가 꿈꾸는 최고의 나' 사이의 거리를 좁히는 과정입니다.

예를 들어, 어떤 사람이 건강한 삶을 살고 싶어 한다고 가정해 봅시다. 그는 이상적인 자신의 모습을 이렇게 상상합니다. 규칙적으로 운동하고, 균형 잡힌 식사를 하며, 스트레스를 잘 관리하는 모습이죠. 하지만 현재의 그가 운동을 거의 하지 않고, 간식을 자주 먹으며, 스트레스를 술로 풀고 있다면 이상적인 모습과는 간격이 꽤 멀다고 할 수 있습니다.

이 간격을 줄이기 위해 하루 10분씩 가볍게 걷는 것부터 시작할 수 있습니다. 조금씩 건강한 식단을 시도하고, 명상을 배워 스트레스를 관리하는 법을 익힙니다. 이런 노력이 쌓여갈수록 현재의 모습과 이상적인 모습 사이의 거리가 점점 줄어들게 되죠.

이 개념은 단지 개인적인 목표에만 해당하지 않습니다. 관계에도 적용됩니다. 더 나은 배우자나 부모가 되고 싶다는 이상이 있다면 현재 자신의 모습에서 부족하다고 느끼는 부분을 조금씩 개선해 나가는 과정을 통해 그 간격을 줄일 수 있습니다.

자기 자신을 진짜 사랑한다는 것은 단순히 자기 자신을 좋아한다고 말하거나, 하고 싶은 대로만 행동하는 것이 아닙니다. 아리스토텔레스는 자신을 사랑한다는 것은 내가 가진 최고의 모습, 즉 이성적으로 생각하고 바르게 행동할 수 있는 나의 본성을 존중하고 실현하는 것이라고 봤습니다.

아리스토텔레스는 인간에게 이성이라는 특별한 능력이 있다고 봤습니다. 인간이 다른 동물과 다른 이유가 바로 이 '이성'이 있기 때문이라고 생각했기 때문입니다. 동물은 본능이나 감정에 따라 움직이지만, 이성은 인간이 스스로를 돌아보고 올바른 행동을 선택하도록 합니다.

그래서 아리스토텔레스는 진정으로 자신을 사랑한다는 것은 이성을 잘 활용해서 나의 삶을 더 나은 방향으로 이끄는 것이라고 설명합니다. 쉽게 말하면, '내가 정말로 나를 사랑한다면, 나를 망치지 않고 더 좋은 삶을 살게 만들어야 하지 않을까?'라고 생각한다는 거죠.

만약 먹고 싶은 음식을 무조건 많이 먹는 건 단기적으로는 좋을지 몰라도 건강에는 나쁠 수 있습니다. 이성은 우리에게 "지금 맛있는 걸 너무 많이 먹으면 나중에 내 몸이 힘들겠지? 조금만 먹자"라고 판단하게 합니다. 이렇게 이성을 통해 나를 돌보는 행동이야말로 나를 진정으로 사랑하는 태도라는 것입니다.

그런데 내가 편하고 싶고 원하는 것을 마음껏 먹는 게 도대체 왜 문제가 된다는 걸까요? 오늘의 나를 즐겁게 하는 게 자기 자신을 사랑하고 행복해지는 길이 아닌 걸까요? 아리스토텔레스는 단순히 내가 지금 편하게 살기 위해 욕구만 채우는 건 진정한 자기애가 아니라고 했습니다. 그건 오히려 나를 망치는 행동일 수 있다고 보았죠.

왜 그럴까요? 아리스토텔레스는 우리의 행동이 항상 이성과 조화를 이루어야 한다고 봤습니다. 앞서 말했듯, 이성은 우리가 진짜로 나에게 좋은 것과 나쁜 것을 구별하도록 돕는 힘입니다. 하지만 만약 우리가 단기적인 욕구에만 끌려다닌다면, 즉 "지금 맛있는 걸 먹고 싶으니까 과식할래"라거나 "오늘은 너무 귀찮으니까 아무 일도 안 할래"라는 선택을 반복한다면 결국 건강을 해치거나 중요한 기회를 잃게 될 수도 있겠죠. 아리스토텔레스는 이런 상태를 '열등한 자기애'라고 불렀습니다.

"열등한 사람은 자신과 일치하지 못하고, 해로운 것을 선택한다."

《니코마코스 윤리학》

쉽게 말하면, 열등한 자기애를 가진 사람은 자신이 진정으로 원하는 삶을 살지 못하고 눈앞의 쾌락이나 편리함만 좇는다는 뜻입니다. 이런 행동은 순간적으로는 즐겁지만, 결국 자신에게 해를 끼칩니다.

아리스토텔레스는 진정한 자기애란 지금의 나를 단순히 즐겁게 해 주는 것이 아니라, 나를 더 나은 사람으로 만들어 가는 과정이라고 말합니다. 진정으로 나를 사랑한다면, 내가 진짜로 원하는 삶을 위해 노력해야 한다는 뜻이죠.

예를 들어, 시험을 준비해야 하는 상황에서 "오늘은 그냥 드라마 한 편만 더 볼래"라는 결정을 반복한다고 생각해 봅시다. 드라마를 보는 것은 그 순간에는 즐겁지만, 시험 준비는 미뤄지고 결과는 나빠질 가능성이 큽니다. 나중에 시험 결과를 보면 '내가 왜 그랬을까?' 하며 실망하게 될지도 모릅니다.

또, 직장에서 성장하고 싶다는 욕구를 가진 사람이 있다고 해 봅시다. 그런데 매번 '이 프로젝트는 너무 힘들어 보이니 쉬운 일을 선택하자'라고 생각한다면 처음에는 스트레스도 덜 받고 편할 수 있습니다. 하지만 시간이 지나면 어려운 일을 통해 배울 기회를 놓치게 되고, 결국 자신의 역량을 키우지 못하게 됩니다. 이런 선택이 쌓이면 더 중요한 역할을 맡지 못하거나, 직장에서 인정받지 못하는 상황에 이르게 될 수도 있습니다.

처음에는 '나를 위한다'라는 명분으로 내린 선택일지 몰라도, 결과적으로는 자신을 제자리에 머물게 하고 발전을 막는 선택이 되어버립니다. 결국 진정으로 자기 자신을 사랑한다는 건 순간의 욕구에 끌려다니는 것이 아니라, 진정으로 바라는 삶을 위해 지금 필요한 선택을 하는 것입니다. 그렇게 할 때 우리는 스스로 자부심을 느끼고 내면의 갈등 없이 나 자신과 조화를 이루며 살 수 있습니다. 나를 망치지 않고 나를 키우는 선택, 그것이야말로 진짜 자기애가 되는 것이지요. 하지만 자기 자신을 사랑한다는 것은 '자기만' 사랑하는 것이 되어서는 안 됩니다.

"모든 사람은 자기 자신과 친구들과 함께 조화를 이루는 삶을 원한다."

《니코마코스 윤리학》

아리스토텔레스가 말한 진정한 자기애는 단순히 "내가 편하고 행복하면 그만"이라는 태도가 아닙니다. 그는 나를 사랑하는 방식이 주변 사람들에게도 선한 영향을 미쳐야 한다고 강조했어요.

이번에는 가족과의 관계에서 자기애를 생각해 보겠습니다. 이런 질문을 자신에게 한번 던져 보죠. "내가 나를 사랑하는 방식이 가족과의 관계를 더 좋게 만드는가, 아니면 갈등을 키우는가?"

만약 부모가 자기 자신을 돌보는 것을 자기애라고 여기며 취미나 휴식에만 시간을 쓴다면 자녀들은 소외감을 느끼거나 자신에게 관심이 없다고 느낄 수 있습니다. "내가 나를 돌봐야 더 좋은 부모가 될 수 있어"라는 생각이 틀리지는 않습니다. 하지만 이런 자기 돌봄이 자녀와의 시간을 지나치게 희생하는 방식으로만 이어진다면 가족 관계에 부정적인 영향을 줄 수 있습니다.

아리스토텔레스는 진정한 자기애란 나의 행복과 가족의 행복이 조화를 이루도록 선택하는 것이라고 보았습니다. 예를 들어, 부모가 자신의 건강을 위해 운동을 하거나 취미 생활을 하면서도 자녀와 함께 시간을 보내기 위해 책을 읽어 주거나 놀이 시간을 따로 가지는 경우를 생각해 보세요. 이런 부모는 자신을 돌보는 동시에 가족과의 관계를 풍요롭게 만들고 있습니다. 아리스토텔레스는 이런 모습을 두고 "자기 자신을 사랑하면서도 가족이라는 공동체의 선을 함께 추구하고 있다"라고 말할 것입니다.

하지만 반대로 "나는 내 스트레스 관리가 중요하니 아이 문제는 배우자가 알아서 해"라는 태도를 고집한다면 어떻게 될까요? 이런 행동은 자기애라기보다는 이기적인 태도로 보일 수 있습니다. 자기애는 나만을 위한 것이 아니며, 나와 연결된 사람들에게도 긍정적인 영향을 줘야 진정한 의미를 가집니다. 가족과 조화를 이루는 자기애야말로 진정으로 나를 사랑하는 길이라고 할 수 있습니다.

타인의 가치도 존중할 줄 아는 사람

여기에서 처음으로 돌아가, 자기 관리에 철저한 직장인의 얘기를 다시 떠올려 보겠습니다. 직장 관계에서도 자기애의 의미를 곱씹어 볼 필요가 있습니다. 그 사람이 "나는 자기 자신을 사랑하기로 했으니 야근은 하지 않겠어요"라고 정시에 퇴근하면서, 그로 인해 다른 동료들이 그의 업무를 떠맡아야 하는 상황이 있었습니다. 이 직원은 자신의 건강과 워라밸을 이유로 자기애를 주장했지만, 그 선택은 팀에 부담을 주고 다른 사람의 워라밸을 침해하는 결과를 낳았습니다.

겉으로 보기엔 자신을 사랑하는 행동처럼 보이지만, 이 사람의 행동은 자신만의 편안함을 우선하느라 팀 전체의 목표와 조화를 이루지 못했습니다. 이는 진정한 자기애라기보다는 자기중심적인, 즉 이기적인 태도로 보일 수 있습니다.

만약 이 사람이 "저는 정시에 퇴근해야 하지만, 내일 아침 일찍 와서 제 몫을 처리하겠습니다"라고 말했다면 결과는 어땠을까요? 이렇게 했다면 그는 자신의 워라밸을 지키면서 팀원들에게 피해를 주지 않으려는 책임감 있는 태도도 보여 줄 수 있었을 겁니다. 이런 선택이야말로 자신을 아끼는 동시에 팀의 조화를 고려한 행동이라고 할 수 있죠.

물론 야근이 무조건 옳다는 뜻은 아닙니다. 야근을 지나치게 강요하는 문화는 분명 개선되어야 할 문제입니다. 하지만 여기서 중요한 점은, 내가 나를 사랑하는 행동이 단순히 나만의 편안함을 추구하는 것에 그쳐서는 안 된다는 것입니다.

결국 직장에서 자기애를 실천할 때는 '내가 나를 돌보는 방식이 팀의 목표와 조화를 이루는가?'라는 질문을 항상 염두에 두어야 합니다. 이런 관점을 통해서 자기애를 실천한다면 나 자신을 지키는 동시에 주변 관계도 건강하게 유지할 수 있을 것입니다.

'나'는 이 세상에서 단 하나뿐인 존재입니다. 희소성이 가치의 기준이 된다면, 나처럼 독특한 존재는 그 무엇과도 비교할 수 없는 가치를 지닙니다. 내가 가진 재능과 능력, 누군가에게 준 위로와 도움은 나만이 할 수 있는 것이며, 그것이 나를 더욱 귀하게

만들죠. 자신의 삶의 가치는 다른 누구도 대신할 수 없는 것임을
잊지 않아야 합니다.

하지만 나 자신'만' 소중한 것은 아닙니다. 주변의 다른 사람도
나만큼이나 소중한 존재겠죠. 그들 역시 세상에서 단 하나뿐인
삶을 살아가는 유일무이한 존재이기 때문입니다. 각자가 자신만
의 이야기를 가지고 있고, 각자가 자신만의 가치를 지니고 있습
니다.

남들도 나만큼 소중하다는 사실을 이해하는 것은 단지 '그것이
옳은 일이니까' 정도의 문제가 아닙니다. 내가 지금 이 세상을 살
아갈 수 있는 이유는 수많은 사람의 도움이 있었기 때문입니다.
친구, 가족, 선생님, 동료뿐만 아니라 내가 알지 못하는 수많은 사
람들의 노력으로 우리의 삶은 이어지고 있습니다. 혼자만으로 살
아갈 수 없는 존재라는 사실을 깨닫는다면, 타인의 존재 또한 얼
마나 귀하고 중요한지 알 수 있습니다.

"자기 자신과의 사랑은 다른 사람들과의 사랑의 시작이다."

《니코마코스 윤리학》

결국, 진정한 자기애란 나만을 위한 것이 아니라 나와 주변 사
람 모두에게 동시에 이로운 선택을 하는 것입니다. 그래서 진정
한 자기애는 나를 사랑하는 것에서 시작해, 우리 모두를 사랑하

는 것으로 완성될 겁니다.

- 자신을 사랑한다는 것은 단순히 현재의 욕구를 충족시키는 것이 아니라, 이성을 활용하여 더 나은 삶을 위한 선택을 한다는 의미이다.
- 아리스토텔레스는 이성을 통해 자신을 성장시키고, 나의 본성을 존중하며 실현하는 것이 자기애라고 말했다.
- 순간적인 쾌락이나 편리함만을 추구하며 자신에게 해로운 선택을 반복하는 것은 열등한 자기애다.
- 타인도 나만큼이나 소중한 존재이며, 모두가 서로의 도움 속에 살아가고 있음을 인식해야 한다.

좋은 사람은

자기를 사랑하는 사람이다.

좋은 사람은

자기를 사랑하는 사람이다.

내 삶은 선택과 책임으로 이루어져 있다

책임론

━━━━━◇━━━━━

고귀한 것을 행함이 우리에게 달려 있다면,
수치스러운 것을 하지 않음도 우리에게 달려 있다.

《니코마코스 윤리학》

현실적인 직장 내 사건사고로 많은 사람의 공감을 얻었던 드라마 〈미생〉에는 주인공 장그래가 속한 팀을 이끄는 리더 '오 차장'이 있습니다. 특히 드라마 중간에 등장하는 중국 프로젝트 이야기는 리더로서의 무거운 책임감을 잘 보여 줍니다.

오 차장의 팀은 중국의 대형 업체와 거래를 성사시키기 위해 오랜 시간 협상과 준비를 거쳤지만, 거래가 마무리되기 직전 돌발적인 상황에 직면합니다. 중국 측이 기존 계약 조건을 일방적으로 변경하며 갑작스럽게 이익이 줄어드는 조건을 내세운 것이

지요. 이로 인해 팀원들은 혼란에 빠지고, 프로젝트 자체가 무산
될 위기에 놓입니다.

이러한 위기 속에서 오 차장은 리더로서의 막중한 책임감을 고
스란히 느끼며 고뇌에 빠집니다. 그는 협상 테이블로 돌아오기
전 밤새 잠을 이루지 못하고, 사무실에서 홀로 프로젝트 자료를
검토하며 머리를 싸매는 모습을 보여 주죠. 이 문제가 잘못되면
팀뿐만이 아니라 회사까지 흔들릴 수 있다는 압박감은 그의 어깨
를 더욱 무겁게 짓누릅니다. 팀원들이 사기를 잃고 낙담한 모습
을 보면서 그는 자신의 결정 하나가 그들의 미래에 어떤 영향을
미칠지도 끊임없이 고민합니다.

이 이야기는 무거운 책임감이 어떻게 오 차장이라는 한 직장인
을 압박하는지 잘 보여 줍니다. 우리 역시 회사에 발을 들이는 순
간부터 업무와 사람에 대한 책임을 자연스레 떠맡게 됩니다. 직
급이나 역할에 상관없이 나와 연관된 모든 일과 사람들에 대해
일정 부분 책임을 지게 되는 것이죠.

책임은 자신의 선택과 깊게 연결되어 있습니다. 나의 선택 하
나가 누군가에게 좋거나 좋지 않은 영향을 줄 수도 있고, 그 결과
로 나에게 공이 돌아올 수도 있고 책임이 돌아올 수도 있기 때문
입니다. 이러한 책임은 업무의 성과에서부터 팀의 화합, 나아가
회사의 목표까지 걸치게 됩니다.

아리스토텔레스는 선택과 책임을 삶의 중요한 덕목으로 보았

습니다. 선택은 단순히 순간의 결정을 넘어 삶의 방향을 정하는 행위입니다. 그는 인간이 선택을 통해 자신만의 삶을 구성하고, 그 결과를 책임지는 과정에서 성장한다고 보았습니다.

우리가 선택할 수 있는 일들은 많다

아리스토텔레스는 선택과 책임을 논할 때, 인간의 행동을 '자발적인 행동'과 '비자발적인 행동'으로 구분했습니다.

자발적인 행동은 행위의 동기와 이유가 자신에게 있는 경우를 말합니다. 예를 들어, 친구를 돕기 위해 스스로 결정하고 행동한다면 이는 자발적인 행위로 분류됩니다. 이런 자발적인 행위에서 책임이 발생하는 이유는 행동의 선택권이 전적으로 자신에게 있기 때문입니다. 스스로 선택한 행동이라면 그 결과에 대한 책임도 본인이 지는 것이죠.

반대로 비자발적인 행위란 자신이 의도하거나 선택하지 않은 행동을 말합니다. 이런 행위는 본인의 의지와 상관없이 외부적인 원인이나 실수로 인해 발생합니다. 아리스토텔레스는 비자발적인 행위 역시 크게 두 가지로 나누었습니다. 바로, '강제된 비자발적 행위'와 '무지로 인한 비자발적 행위'입니다.

첫 번째, 강제된 비자발적 행위는 행동의 이유나 원인이 나 자신이 아니라 외부에 있을 때 일어납니다. 예를 들어, 누군가 억지로 내 손을 잡고 창문을 깨게 만들었다면 스스로 그 행동을 선택한 게 아니기 때문에 자발적이라고 볼 수 없죠. 이런 경우에 행동의 책임은 외부 원인에 있습니다.

두 번째, 무지로 인한 비자발적 행위는 잘못된 정보나 실수로 인해 의도치 않게 행동하게 된 경우를 말합니다. 예를 들어, 친구의 물건을 실수로 떨어뜨려 깨뜨렸다면 그것은 무지로 인한 비자발적 행위입니다. 하지만 아리스토텔레스는 이 경우에도 중요한 기준을 제시했습니다. 행동의 결과를 알고 후회하거나 반성하면 책임을 어느 정도 수용해야 한다는 거죠. 무지였더라도 결과에 대한 인식과 태도가 책임의 정도를 결정하게 됩니다.

아리스토텔레스는 이러한 구분을 통해 책임이라는 개념이 단순히 행동의 결과에만 초점이 맞춰지는 것이 아니라, 행동의 동기와 의도, 그리고 이후의 태도에 따라 다양하게 평가될 수 있음을 강조했습니다.

> "행동이 자발적이면 칭찬이나 비난을 받아 마땅하고, 비자발적인
> 행동들은 용서받거나 때로는 동정을 받을 수 있다."
>
> 《니코마코스 윤리학》

이렇게 보면 내가 선택하지 않은 것에 대한 결과는 책임질 필

요가 없다고 느낄 수도 있습니다. 하지만 직장에서 상사가 업무를 지시했을 때 '나'는 이 업무를 수동적으로 받아들였다고 생각할 수 있습니다. 하지만 아리스토텔레스의 관점에서 보면 그 일을 받아들일지, 다른 방법으로 접근할지, 아니면 직장을 떠날지에 대한 최종 결정은 여전히 우리에게 달려 있습니다.

아리스토텔레스는 "선택의 출발점이 우리 내부에 있다면, 그것은 자발적인 행위로 간주된다"라고 말합니다. 따라서 직장에서 상사의 지시에 의해 이루어진 행동도 결국은 내가 선택하고 실행한 자발적인 행동이 될 수 있는 것입니다.

자본주의 사회에서 흔히 느끼는 '돈을 벌기 위해 어쩔 수 없이 이 일을 하고 있다'라는 생각도 같은 맥락으로 볼 수 있습니다. 우리는 생존을 위해 일해야 한다는 현실적 제약 속에서 특정 직업을 선택하고, 그 직업에 적응하기로 결정합니다. 이는 얼핏 보면 외부 요인에 의한 강제적 행동처럼 보일 수 있지만, 이러한 선택 역시 자발적인 행위의 한 형태입니다. 어떤 직업을 선택할지, 그리고 그 직업에서 어떻게 행동하고 살아갈지는 여전히 선택의 영역 안에 있기 때문입니다.

선택할 수 없는 환경이나 조건 속에서도 우리가 자신의 반응을 선택할 방법은 있습니다. 환경이 정해져 있다고 해서 모든 것이 결정되는 것은 아니기 때문입니다. 우리는 상황을 어떻게 받아들이고 행동할지 선택할 능력이 있습니다. 경제적으로 어려운 상황에서도 자신이 어떤 직업을 선택할지, 그 직업에서 어떤 태도로 임할지, 그리고 그 결과를 어떻게 받아들일지는 여전히 우리의 자발적인 선택에 달려 있습니다. 직장에서 상사가 지시한 업무를 단순히 받아들인다 하더라도 얼마나 성실히, 어떤 방식으로, 어떤 태도로 처리할지는 스스로 선택할 수 있는 것과 같죠.

하지만 선택하고 그에 따른 책임을 진다는 것은 결코 쉬운 일이 아닙니다. 가장 큰 이유는 내가 내린 선택의 결과를 완전히 통제할 수 없다는 불안감입니다. 빠르게 변화하는 현대사회 안에서 우리의 결정은 예상치 못한 경제적, 사회적 요인들에 의해 쉽게 영향을 받을 수 있습니다. 아무리 신중하게 선택하더라도 환경적 변화가 의도와 상관없이 결과를 바꿀 수 있죠. 이러한 불확실성은 선택의 순간을 무겁게 만들고 더욱 책임감을 느끼게 합니다.

그리고 현대 사회는 개인의 선택을 끊임없이 평가하고 비교하는 분위기를 조성합니다. 우리는 자신의 결정이 타인에게 어떻게 비칠지 고민하고, 그 속에서 자신의 가치를 증명하려고 노력합니다. 그러나 이러한 사회적 압력은 실패에 대한 두려움을 키우고 책임감을 더 큰 짐으로 느끼게 합니다.

직업이나 진로를 선택할 때 단순히 자신의 만족만을 고려하기 어려운 이유는 그 선택이 사회가 말하는 성공의 기준과 부합해야 한다는 압박감 때문입니다. 결국, 타인의 기대를 의식하면서 내리는 선택은 스스로의 책임감을 더욱 무겁게 만듭니다.

"인생은 내가 내린 선택의 합이다"

하지만 가끔은 책임 덕분에 더 자유롭고 풍요로운 인생을 살아갈 수 있게 되기도 합니다. 도대체 나를 이렇게도 압박하는 책임이 어떻게 나의 삶을 더 자유롭게 만들 수 있는 걸까요?

우리가 매 순간 내리는 크고 작은 선택들이 쌓여 현재의 삶을 만들어 갑니다. 프랑스 작가 알베르 카뮈 Albert Camus 의 "인생은 내가 내린 선택의 합이다"라는 말처럼, 우리의 선택은 단지 하나의 사건으로 끝나는 것이 아니라 시간이 흐르며 삶의 방향을 결정짓고 우리의 정체성을 형성합니다. 오늘의 선택이 내일의 습관이 되고, 그 습관이 미래의 나를 만들어 가는 과정 속에서 우리는 자신의 삶을 창조하는 예술가와 같은 존재가 됩니다.

우리가 직업, 인간관계, 건강 관리와 같은 다양한 분야에서 내리는 선택들은 일상과 정체성을 만들어 갑니다. 새로운 도전을 선택할 때는 불확실성과 두려움이 따를 수 있지만, 그 과정에서 책임을 감당하며 나아가는 태도가 삶을 더 풍요롭게 만듭니다. 선택은 단순히 현재의 순간을 넘어 미래를 설계하는 중요한 역할을 하게 되는 것입니다.

 결국, 선택과 책임이 있다는 것은 우리가 삶을 주체적으로 살아가야 한다는 사실을 알려줍니다. 선택의 순간마다 "나는 어떤 삶을 살고 싶은가?"라는 질문을 던진다면, 그리고 그 선택이 곧 나를 만들어 가는 과정임을 깨닫게 된다면 우리는 보다 적극적으로 선택하는 삶을 살 수 있을 것입니다.

 선택은 결국 책임을 통해 성숙해지고 삶의 의미를 만들어 가는 과정입니다. 이를 잊지 않는다면 우리의 인생은 보다 만족스럽고 풍요로운 궤적을 그리게 되겠죠. 모든 결과를 완벽하게 통제할 수는 없겠지만, 선택의 과정에서 얻는 경험과 성찰은 우리의 내면을 더 단단하게 만듭니다. 결국 선택을 통해 스스로를 정의하고, 책임을 통해 진정한 자유를 누릴 수 있는 존재로 성장하게 됩니다.

 물론, 모든 선택이 항상 옳은 결과를 가져오는 것은 아닙니다. 때로는 잘못된 선택이 예상치 못한 어려움이나 후회를 가져올 수도 있습니다. 예를 들어, 새로운 직업을 선택했지만 환경이 자신과 맞지 않아 스트레스를 받거나 인간관계에서 잘못된 판단으로 갈등이 생기는 경우가 있습니다. 이런 상황은 좌절감을 안깁니다.

 그리고 외부적인 상황과는 별개로 선택에 후회가 따르게 되면 우리의 내면은 더 깊이 흔들립니다. '다른 선택을 했다면 더 나았을까?'라는 질문은 스스로를 자책하게 하고, 선택의 과정에서 부족했던 점들을 계속 되돌아보게 합니다. 이런 후회는 성장의 기회가 될 수 있지만, 지나치게 몰입하면 현재를 부정적으로 바라보게 만들고 앞으로의 선택에서 자신감을 잃게 할 수도 있습니다. 후회는 완벽한 선택을 해야 한다는 강박에서 비롯되며, 실패를 용납하지 않는 현대 사회의 분위기 속에서 더욱 심화되곤 합니다.

그러나 어려움과 후회는 반드시 부정적이지만은 않습니다. 잘못된 선택을 통해 얻는 교훈은 때로는 올바른 선택보다 더 큰 깨달음을 가져다주기도 합니다. 어려움을 겪어야 문제를 해결하는 능력이 자라고, 후회를 해 보아야 자신을 더 깊이 이해하고 미래의 방향을 조정할 수 있는 기회를 얻습니다. 인간은 실수를 통해 배우고 성장하는 존재이기 때문입니다. 중요한 것은 어려움과 후회를 단순히 부정적으로 받아들이는 것이 아니라 삶의 중요한 전환점으로 삼는 태도입니다.

"미덕도 우리에게 달려 있고 악덕도 마찬가지다. 어떤 것을 하거나 하지 않는 것이 우리에게 달렸다면, 어떤 것에든 '아니요'라고 할 때 '예'라고 할 수도 있기 때문이다. 그래서 고귀한 것을 행함이 우리에게 달려 있다면, 수치스러운 것을 하지 않음도 우리에게 달려 있다. (중략) 거기에 따라 우리가 훌륭한 사람 또는 나쁜 사람이 된다면, 훌륭하거나 나쁜 사람이 되는 것도 우리에게 달려 있다.”

《니코마코스 윤리학》

결국 선택은 우리의 삶을 이끄는 힘이며, 책임은 그 선택을 더욱 의미 있게 만드는 요소입니다. 선택의 순간마다 우리는 가치와 목적을 떠올리며 이성적으로 선택해야 합니다. 그리고 그 선택이 미치는 영향력에 따라서 책임져야 하는 일이 발생하겠죠. 그렇게 선택과 책임이 반복되며 경험이 쌓이고, 이를 바탕으로 나라는 사람의 역사가 시작됩니다. 이 역사를 통해 내가 누구인가가 결정되는 것이죠. 내가 누군지를 아는 것은 곧 행복한 삶의 밑바탕이 되어 줄 것입니다.

- 선택의 결과로 발생한 문제는 스스로 감당해야 할 책임으로 돌아온다.
- 자발적 행동은 선택의 이유가 스스로에게 있을 때 발생하고 그 결과에 대한 책임도 자신에게 귀속된다.
- 비자발적 행동은 외부 요인이나 무지에 의한 것으로 책임의 정도가 다를 수 있다.
- 선택은 우리의 삶을 이끄는 힘이고 책임은 그 선택을 더욱 의미 있게 만드는 요소다.

고귀한 것을 행함이 우리에게 달려 있다면,

수치스러운 것을 하지 않음도 우리에게 달려 있다.

고귀한 것을 행함이 우리에게 달려 있다면,

수치스러운 것을 하지 않음도 우리에게 달려 있다.

두려움을 이기고
반드시 직면해야 하는 것

죽음

---◇---

죽음에 대한 두려움은 모든 인간에게 자연스러운 것이다.

《니코마코스 윤리학》

얼마 전 꽤 친하게 지냈던 지인이 갑자기 죽었다는 소식을 듣고 문득 멍해졌습니다. 평소에는 바쁜 일상에 몰두하며 지내다가도 이런 안타까운 소식을 들으면 마치 시간이 멈추는 것 같은 기분이 듭니다. 가까운 사람의 죽음은 언제나 낯설게 다가오며, 그 마지막 순간을 마주할 때마다 마음 한구석이 텅 빈 듯한 허전함이 밀려옵니다.

죽음은 우리가 준비할 여유를 주지 않은 채 불쑥 찾아오고, 그동안 쌓아온 일상과 사람들과의 관계를 한순간에 단절시켜 버립니다. 그리하여 익숙하게 여겼던 모든 것을 무너뜨리고, 일상이 더는 이전처럼 돌아갈 수 없음을 깨닫게 만듭니다. 가족과 친구, 함께했던 기억조차도 더 이상 이어지지 않는다는 사실이 가슴을 아프게 합니다. 삶의 소중함을 깨닫게 되는 순간이지만, 동시에 이별의 고통은 결코 쉽게 밀려나지 않습니다.

그렇기에 죽음은 남겨진 사람들에게 깊은 슬픔과 혼란을 안겨 줍니다. '왜 하필 지금일까?'라는 질문이 머릿속을 떠나지 않고, 떠난 사람과 나누지 못했던 말들이 떠오르며, 아쉬움이 밀려옵니다. 그러한 순간은 죽음이란 것이 얼마나 갑작스럽고, 또 우리가 얼마나 그것에 준비되지 못했는지를 절실히 느끼게 됩니다.

죽음을 고민하는 일은 인생에서 결코 피할 수 없는 중요한 주제입니다. 바쁜 일상을 사느라 죽음을 쉽게 잊고 살아가지만, 삶의 본질을 제대로 이해하기 위해서는 한 번쯤 죽음을 진지하게 생각해 보아야 합니다. 죽음은 단순한 끝이 아니라, 우리가 지금 어떻게 살아가고 있는지 되돌아보게 하는 거울과도 같은 존재이기 때문입니다.

삶에서 죽음의 가치는 무엇인가

죽음을 생각하면 불편하고 두렵습니다. 많은 사람이 죽음이라는 주제를 가능하면 피하려고 하죠. 죽음이 두려운 이유는 그 이후의 세계를 알 수 없기 때문입니다. 또한, 죽음은 우리가 알고 있는 모든 것이 끝나는 순간을 의미합니다. 나라는 존재가 세상에서 완전히 사라진다는 사실은 누구에게나 두려움으로 다가옵니다. 이 때문에 우리는 본능적으로 죽음을 피하려는 경향을 가지게 됩니다.

죽음은 누구도 피할 수 없는 일이기에 이제껏 열심히 쌓아온 것들이 결국에는 모두 사라질 것이라는 생각을 하게 합니다. 돈을 벌거나 높은 자리에 오르기 위해 애쓴 것도 죽음이 찾아오면 더 이상 의미가 없게 됩니다. 이처럼 죽음은 우리가 집착해 온 많은 것이 결국 허무하게 느껴질 수 있음을 일깨웁니다.

죽음은 두려움과 허무함을 가져다주지만, 그렇다고 해서 피할 수 있는 것도 아닙니다. 오히려 우리가 반드시 마주해야 할 삶의 진실이죠. 죽음을 외면하는 것은 결국 삶의 본질에서 멀어지는 것과 같습니다. 죽음을 깊이 생각하지 않고 살아가는 것은 마치 목적지를 모른 채 떠나는 여행과 같습니다. 여행의 끝을 모른다면 지금 우리가 어디로 향하고 있는지도 알 수 없겠죠?

죽음은 우리에게 삶의 방향을 묻습니다. "지금 이 순간이 끝난다면 후회하지 않을 자신이 있는가?" 이 질문 앞에서 우리는 일상을 치열하게 사느라 흘려보냈던 소중한 것들을 다시금 발견하게 됩니다. 죽음은 무겁고 두려운 주제처럼 보이지만, 사실 진정으로 사는 이유를 일깨워 주는 매우 중요한 역할을 합니다.

왜 죽음을 생각할수록 우리의 삶이 더 의미 있어지는 걸까요? 만약 우리가 죽지 않는 존재라면 시간의 소중함을 깨닫지 못하고 정말 중요한 것들에 집중하지 못할 가능성이 큽니다. 죽음이 있기 때문에 우리는 이 순간을 더 귀하게 여기고 의미 있는 일들에 에너지를 쏟습니다.

큰 병에 걸리거나 죽음을 가까이 마주한 사람들이 돈이나 성공보다 가족, 친구와의 시간, 그리고 사랑을 더욱 소중히 여기는 이유도 여기에 있습니다. 죽음은 우리가 더 진지하고 의미 있는 삶을 살도록 돕는 중요한 역할을 합니다.

《전쟁과 평화》,《안나 카레니나》의 작가이자 세계적인 대문호 레프 톨스토이 Leo Tolstoy 의 이야기는 어떻게 삶의 의미를 찾을 수 있는지 알려줍니다. 톨스토이는 인생에서 큰 성공을 맛보았을 때 지독한 무의미에 시달렸습니다. "나는 누구인가? 왜 살아야 하는가?" 이 질문은 그의 마음을 무겁게 짓눌렀고, 자신이 이루어 낸 모든 것이 결국 죽음 앞에서 무의미하다는 생각에 사로잡혔습니다.

절망의 극단에서 헤매던 그는 평범한 러시아 농민들의 삶을 통해 한 가지 깨달음을 얻습니다. 농민들이 고된 현실과 죽음을 담담히 받아들이며 하루하루를 믿음과 사랑으로 채우는 것을 보고

'삶의 의미는 사랑과 희생 속에 있다'라는 깨달음을 얻은 거죠.

그는 삶이란 죽음을 두려워하는 데 있는 것이 아니라, 죽음을 향해 나아가는 과정에서 진정한 가치를 발견하는 여정임을 이해했습니다. 죽음은 삶을 덧없게 만드는 것이 아니라, 오히려 그 순간순간을 더 귀하고 소중하게 만드는 요소였습니다. 삶의 끝을 마주해야 비로소 진정한 의미를 찾을 수 있음을 깨달은 것입니다.

죽음이 던지는 인생의 가장 중요한 질문

죽음은 우리 삶에 가장 중요한 질문을 던집니다. "지금 내가 하는 일이 정말 의미 있는 일인가? 내가 살아가는 방식이 나의 진정한 가치에 부합하고 있는가?" 죽음은 우리가 미루고 있던 중요한 일들을 지금 당장 시작하라고 속삭입니다. 삶이 끝을 향해 흘러가기 전에 정말 중요한 것들을 실천하라는 신호를 보내는 것입니다.

영원히 살 수 없다는 사실을 깨달으면 시간에 대하는 우리의 태도는 완전히 달라집니다. 만약 주어진 시간이 얼마 남지 않았다고 가정한다면, 나에게 남은 시간은 이전과는 전혀 다른 의미로 다가올 것입니다. 평소 같았으면 그냥 흘려보냈을 하루하루가 이제는 더없이 소중한 기회로 느껴지겠죠. 반복되는 일상 속에서 의미를 찾지 못했던 일들조차 죽음을 의식하는 순간 새롭게 보입

니다. 우리는 시간의 귀중함을 깨닫고, 남은 시간을 어떻게 채울
지 진지하게 고민하게 됩니다.

죽음을 직면하면 우리는 그동안 자신도 모르게 쫓아왔던 외부
의 가치들에서 벗어나게 됩니다. 돈, 명예, 타인의 시선은 더 이
상 중요하지 않습니다. 그 대신 내가 진정으로 원했던 것이 무엇
인지, 나라는 존재가 진정으로 추구해야 할 것이 무엇인지 비로
소 드러나기 시작합니다.

죽음이 우리에게 삶을 정리하고 본래의 나로 돌아가도록 돕는
위대한 계기를 제공하는 것입니다. 하루하루를 온전한 나 자신으
로 살아가야 한다는 깨달음은 죽음을 이해하는 과정에서 얻을 수
있는 가장 큰 선물입니다.

아리스토텔레스의 중용을 죽음과 두려움에 적용하면 죽음을
어떻게 대해야 할지 더욱 분명해집니다. 죽음을 지나치게 두려워
해서도 안 되고, 그렇다고 죽음을 아예 존재하지 않는 양 여겨도
안 됩니다. 죽음은 엄연한 현실이고 나를 비롯한 인간 모두가 맞
이하는 순간입니다. 두려울 수 있겠지만, 누구나 죽는다는 것을
받아들이고 죽기 전까지 나에게 주어진 시간을 더 소중히 여길
수 있다는 관점으로 바꿀 수 있게 됩니다.

죽음 앞에 확실한 것은 우리가 죽는다는 사실 뿐입니다. 언제
죽을지는 알 수 없죠. 그래서 죽음의 불확실성은 오히려 우리에

게 선택의 자유를 선물합니다. 만약 죽음의 순간을 미리 안다면, 우리의 모든 행동은 그 시점에 맞춰 제한될 것입니다. 그러나 언제 죽음으로 인생이 끝날지 모른다면 스스로 삶의 방향을 정하고 선택할 기회를 가질 수도 있습니다.

죽는다는 것을 알면서도 조금이라도 더 지금의 건강을 지키고, 소중한 사람들과 시간을 보내고, 좋아하는 일을 하며 행복을 추구할 수 있습니다. 이러한 선택들은 죽음을 피할 수는 없지만 삶을 더 풍요롭고 행복하게 만드는 데 도움을 줍니다. 죽음이 우리의 한계를 알려주는 동시에, 그 안에서 가장 큰 자유를 누리게 해주는 것입니다.

때문에 지금 이 순간을 소중히 여기고 매일을 의미 있게 채우려는 노력은 삶을 더욱 가치 있게 만듭니다. 영원히 살 수 없다면 하루하루가 더욱 특별해질 수밖에 없겠죠. 죽음을 통해 자신에게 가장 소중한 것이 무엇인지 깨닫고, 삶에서 진정으로 원하는 것을 찾아가는 길을 열게 됩니다. 그럴 자유가 나에게는 이미 주어져 있습니다.

결국, 죽음은 삶을 더 풍요롭고 빛나게 하는 스승이 됩니다. 죽음은 우리가 피할 수 없는 현실이며, 삶의 끝에서 마주할 때 비로소 중요한 질문을 던집니다. 지금 내가 하고 있는 일이 정말 의미 있는 일인지, 내가 살아가는 방식이 진정한 가치에 부합하는지를

묻습니다. 단순히 모든 것을 끝내는 것이 아니라, 진정으로 살아
가야 할 이유를 일깨우는 거울과 같습니다.

　우리가 죽음을 인정하고 그 의미를 받아들이면 삶은 새로운 빛
을 얻게 됩니다. 죽음은 삶의 끝이 아니라 삶을 더 빛나게 만드
는 스승인 셈이죠. 그것은 우리에게 삶의 방향을 바로잡고, 진정
으로 소중한 것에 집중하라는 메시지를 끊임없이 보낼 것입니다.
죽음을 인정하는 이런 과정을 통해 더욱 의미 있고 가치 있는, 진
정한 행복이 무엇인지 깨닫는 삶을 살게 될 것입니다.

- 죽음은 "지금의 삶이 의미 있는가?"라는 질문을 던지며, 삶의 방
  향성을 고민하게 만든다.
- 죽음을 지나치게 두려워하거나 부정하지 않고, 있는 그대로 받
  아들이는 것이 중요하다.
- 죽음을 통해 우리는 삶에서 진정으로 소중한 것에 집중할 수 있
  는 계기를 얻는다.
- 삶은 죽음을 통해 진정한 방향성을 찾고, 우리가 원하는 삶을 살
  도록 돕는다.

중요한 것은 가장 가까이에 있다

형이상학

모든 것은 변하지만,
또 변하지 않는다

제1원칙

---◇---

사물의 본질은 그것이 무엇으로부터 존재하고,
또 어떤 변화를 겪는지를 통해 드러난다.

《형이상학》

우리는 요즘 AI가 사람을 대신해 시나리오를 쓰고, 그림을 그리고, 작곡까지 하는 시대를 살고 있습니다. 몇 년 전까지만 해도 영화 속에서나 가능했던 일들이 이제는 우리 일상에서 흔하게 벌어지고 있죠.

AI 비서가 스케줄을 관리해 주고, 필요한 물건을 온라인으로 대신 주문하며, 때로는 감미로운 목소리로 자장가까지 불러 줍니다. AI가 개발자를 대신해서 프로그램을 만들기 위한 코딩을 짜 주고, 기술에 대한 가이드를 주기도 합니다. 심지어 회의 내용을

요약하고, 제안하기도 합니다. 심지어 AI가 만든 영상이나 소설
이 사람들에게 재미와 감동을 주기도 합니다.

이에 대한 사람들의 반응은 다양합니다. 어떤 사람들은 AI를
환영하면서 이를 통해 더 창의적인 일을 할 수 있다고 생각합니
다. 예를 들어, AI가 단순 반복 작업을 대신하면서 사람들은 더
복잡하고 독창적인 프로젝트에 집중할 수 있게 되었죠. 반면, 일
부 사람들은 AI가 너무 많은 것을 대신한다는 데 불안감을 느낍
니다.

중요한 건 세상은 예상하기 힘들 정도로 급격하게 변하는데,
그 가운데 우뚝 선 나는 앞으로 어떻게 살아가야 할지 고민이 커
진다는 점입니다.

삶은 가능태와 현실태의 반복이다

도대체 이러한 급격한 변화 속에서 어떻게 살아가야 할까요?

"자연이란 본래 운동과 변화를 일으키는 근원이다. 그러므로 우
리가 자연을 연구하려면 '운동이란 무엇인가'를 반드시 이해해야
한다. 운동을 모르면 자연에 대해서도 알 수 없기 때문이다."

《자연학》

"사물의 본질은 그것이 무엇으로부터 존재하고, 또 어떤 변화를 겪는지를 통해 드러난다."

《형이상학》

우선 우리는 '변화'라는 것을 이해해야 합니다. 아리스토텔레스는 '가능태^{potentiality}'와 '현실태^{actuality}'의 개념을 통해 변화의 본질을 설명합니다.

이렇게 생각해 보면 이해하기 쉽습니다. 학생이 공부하는 것은 자신의 가능태를 점차 현실태로 바꾸는 것입니다. 학생이 아직 의사가 되지 않았지만, 의사가 될 잠재력을 지니고 있다는 것은 가능태에 해당합니다. 그리고 의사가 되고자 하는 학생은 의학 공부를 통해 그 잠재력을 점차 현실로 만들어 갑니다. 의학 지식을 배우고 실습을 받으면서 의사가 될 가능성이 있는 사람에서 실제 의사로서의 능력을 가진 사람으로 변하는 것이 현실태에 해당합니다.

정의하자면, 가능태는 아직 현실이 되지는 않았지만 앞으로 현실이 될 수 있는 잠재적인 상태를 의미합니다. 이 상태는 가능성을 품고 있지만 아직 실현되지는 않은 상태입니다. 쉽게 말해 '앞으로 이렇게 될 수 있다'라는 가능성이 있는 상태죠.

현실태는 지금 이 순간 실제로 존재하거나 이루어진 상태를 말합니다. 즉, 현재 눈에 보이거나 실제로 일어나고 있는 상태를 뜻합니다. 지금 당장 우리가 확인할 수 있는 현실적인 모습인 거죠. 가능태와 현실태라는 두 개념은 서로 연결되어 있으며, 가능태는 변화와 과정을 거쳐 현실태로 바뀌게 됩니다.

아리스토텔레스는 모든 사물이 가능태와 현실태 사이에서 존재한다고 이야기합니다. 우리는 끊임없이 어떤 무언가가 이루거나 되기 위해서 열심히 노력하고 있습니다. 그리고 그 목표를 달성해 현실화가 되면 그 다음 목표를 향해서 또 노력하게 되겠지요. 그래서 우리는 끝없이 가능태가 되고, 현실태가 되기 위한 노력을 하게 되는 겁니다.

기술 개발 과정에서도 가능태와 현실태의 개념이 동일하게 적용됩니다. 새로운 기술 아이디어는 가능성으로 시작하지만, 연구와 개발 과정을 거쳐 실현되면 그것은 현실이 됩니다. AI 기술도 처음에는 가능성에 불과했지만, 현재는 다양한 분야에서 현실화되어 활용되는 것처럼 말이죠.

"가능태는 현실이 될 수 있는 능력을 갖추고 있는 상태이다."
"현실태란 가능태의 완성이다."
"가능태는 행위와 목적을 지향하며, 현실태는 그 행위 자체이다."

《형이상학》

목표 설정과 성취 과정에서도 가능태와 현실태의 관계를 볼 수

있습니다. 마라톤 완주를 목표로 하는 사람도 처음에는 그 목표
가 단순한 가능성, 즉 가능태에 지나지 않습니다. 하지만 꾸준한
훈련과 준비를 통해 결국 마라톤을 완주하면 그 목표는 현실태가
됩니다.

　우리 인생은 항상 변화를 향해 나아가는 과정에 놓여 있습니
다. 나 자신도 변하고, 나를 둘러싼 환경도 끊임없이 변해 갑니
다. 세상에 존재하는 거의 모든 것은 변합니다. 아리스토텔레스
의 관점에서 보면, 변화는 모든 존재가 갖고 있는 잠재적인 모습
들이 점점 현실에서 실현되는 과정입니다. 따라서 나와 세상이
끝없이 변화하고 있다는 사실을 염두에 두고 살아가는 것이 중요
합니다.

　다만, 때로 변화는 우리에게 불안감을 안기기도 합니다. 기술
의 발전으로 지금까지 쌓아온 커리어가 한 순간에 무너질 수 있
다는 불안감, 빠르게 변화하는 세상에 적응하지 못할 수도 있다
는 두려움, 소중하게 여겼던 가치가 시대의 흐름 속에서 사라질
지도 모른다는 염려, 이 모든 것이 변화로 인한 불안에서 비롯됩
니다. 이러한 불안은 변화에 대처하는 과정에서 자연스럽게 느끼
는 감정입니다.

　변화는 피할 수 없는 자연스러운 현상입니다. 기술은 계속 발
전하고, 세상의 모습도 시간에 따라 끊임없이 바뀝니다. 오늘의

건축물이 내일은 철거될 수 있고, 소중했던 가치가 시대의 흐름
에 따라 그 의미를 상실하기도 합니다. 반대로, 대수롭지 않게 여
겼던 것들이 갑작스레 중요한 의미를 가질 수도 있습니다.

물론 변화는 기본적으로 불확실성을 갖고 있기에 우리에게 불
안감을 안기기도 하겠지만, 반대로 기존의 인생이 변화할 수 있
다는 기회를 얻을 수도 있습니다. 이때 우리에게 필요한 태도는
변화를 받아들이는 것입니다.

변화를 자연스러운 삶의 일부분으로 인식해야만 변화에 대한
두려움에서 벗어나 더 큰 자유를 얻을 수 있습니다. 변화에 집착
하거나 거부하지 않고 매 순간을 있는 그대로 받아들이고 적응해
나가는 자세가 중요합니다.

불교에서는 이러한 변화를 '제행무상 諸行無常'이라는 개념으로
설명합니다. 제행무상은 모든 현상이 생성되고, 변화하고, 소멸
하는 과정을 반복한다는 깨달음을 의미합니다. 즉, 영원한 것은
없으며, 변화 자체가 우주의 진리라는 점을 인식할 때 우리는 변
화에 집착하지 않고 자유롭게 흘러가는 삶을 선택할 수 있다는
겁니다.

이를 현대에 적용해 보면, 직업의 변화나 가치관의 전환은 불
가피한 일이므로 이를 자연스럽게 받아들이면 오히려 더 나은 기
회와 새로운 방향을 찾을 수 있다는 뜻이 됩니다.

변화를 긍정적으로 바라보면 지금의 삶이 아무리 힘들고 초라

해 보일지라도 상황은 언제든지 더 나아질 수 있고, 더욱 성장하여 마침내 행복해질 수 있다는 희망을 가질 수 있습니다. 변화하는 현실을 받아들이고 그 안에서 균형과 자유를 찾는 삶을 추구한다면 더 큰 가능성을 마주할 수 있기 때문입니다.

세월이 흘러도 변하지 않는 가치가 있다

하지만 변화 속에 변하지 않는 가치도 존재한다는 점을 잊지 말아야 합니다. 아리스토텔레스의 철학에서는 이를 '부동不動의 원동자原動者', 즉 '제1원리'라는 개념으로 설명합니다.

"부동의 원동자는 스스로 움직이지 않지만, 모든 움직임의 원천이다."

《형이상학》

이 세상에는 변하지 않는 존재이자, 모든 변화의 근원이 되는 부동의 원동자가 존재합니다. 예를 들어 나비가 나뭇가지 위를 날고 있다고 상상해 보세요. 이 나비는 애벌레에서 번데기를 거쳐 나비로 변했습니다. 이 모든 변화를 가능하게 한 것은 무엇일까요? 바로 자연과 생명의 원리입니다. 이 원리는 변하지 않으면

서도 나비가 변하고 움직이도록 이끄는 근원입니다. 이러한 원리
가 바로 부동의 원동자, 즉 제1원리가 됩니다.

또 다른 예시로 태양을 들 수 있습니다. 지구의 모든 생명은 태
양의 빛과 열로 살아갑니다. 식물은 태양 덕분에 광합성을 하고,
동물과 인간도 에너지를 얻으며, 날씨와 계절이 변합니다. 하지
만 태양 자체는 이 모든 과정 속에서도 변하지 않고 그대로 존재
합니다. 태양처럼 변하지 않으면서도 모든 것을 움직이게 만드는
원리가 바로 부동의 원동자입니다.

만약 태양이 없었다면 지구의 생명체는 광합성을 할 수 없고,
날씨도 움직임을 멈췄겠죠. 부동의 원동자도 이와 비슷합니다.
그것 없이는 세상의 모든 변화와 운동이 설명될 수 없다는 것입
니다. 아리스토텔레스는 세상의 모든 변화와 운동에는 시작점이
있어야 한다고 보았습니다. 이 시작점, 즉 제1원리인 부동의 원동
자는 스스로 움직이지 않으면서 다른 모든 것을 움직이게 만듭니
다. 마치 도미노에서 첫 번째 조각은 넘어뜨리는 힘을 주지만, 그
자체는 움직이지 않고 그대로인 것처럼요.

부동의 원동자는 영원히 변하지 않는 존재이자, 세상 모든 변화
와 운동의 근원입니다. 자연의 생명 원리처럼 모든 변화의 배후에
서 조용히 그 변화를 가능하게 만듭니다. 아리스토텔레스는 이것
이 세상을 설명하는 가장 중요한 개념 중 하나라고 보았습니다.

이 개념을 현대적으로 해석하면, 우리 인생이나 이 세상에는

변하지 않는 가치나 이상이 존재한다는 의미로 볼 수 있습니다. 개인의 소명이나 인생의 비전, 개념적인 가치 또는 종교적 신념 등은 시간이 지나도 잘 흔들리지 않죠. 이렇게 변하지 않는 가치들은 우리 삶의 방향성을 결정하고, 끊임없는 변화 속에서도 중심을 잃지 않고 살아가도록 도와줍니다.

현대 사회에서도 변하지 않는 가치의 중요성은 여러 사례에서 확인할 수 있습니다. 유명한 아웃도어 브랜드인 '파타고니아'는 아웃도어 의류와 장비를 판매하는 회사로, 환경 보호와 지속 가능성을 핵심 가치로 삼고 있습니다. 1973년 창립한 파타고니아는 변하지 않는 가치를 지켜 성공을 거둔 대표적인 현대 기업입니다. 단순한 매출 성장보다도 자연을 보전하고 윤리적인 방식으로 제품을 만드는 데 초점을 맞춘 케이스죠.

파타고니아는 2011년 블랙 프라이데이에 'Don't Buy This Jacket(이 재킷을 사지 마세요)'이라는 도발적인 광고를 뉴욕 타임스에 게재했습니다. 이 광고는 과도한 소비를 지양하고, 환경 보호를 촉구하는 메시지를 담고 있었습니다. 광고에는 파타고니아의 대표 제품인 R2 재킷의 이미지와 함께, 이 제품을 생산하는 데 필요한 자원과 에너지 소비량, 그리고 환경에 미치는 영향을 상세히 설명하여 소비자들에게 구매를 재고하도록 권유했습니다. 이는 고객에게 정직하게 다가가고 환경 보호라는 가치를 일관

되게 실천하는 파타고니아의 경영 철학을 보여 줍니다. 고객은
파타고니아의 이러한 가치를 신뢰하게 되었고, 결과적으로 환경
을 소중히 여기는 고객층의 충성도를 얻었습니다. 또한 재활용
소재 사용, 고장 난 제품의 수선 서비스, 환경 운동 후원 등 환경
보호를 위한 다양한 활동을 실천하며 변하지 않는 가치를 추구해
왔습니다.

심지어 2022년 9월, 파타고니아의 이본 쉬나드 회장은 회사 주
식의 98퍼센트를 환경 관련 비영리 재단인 홀드패스트 콜렉티브
에 기부합니다. 이를 통해 파타고니아의 수익은 전적으로 환경
보호와 기후 변화 대응에 사용되고 있습니다.

이후 1년 반 동안 파타고니아는 약 950억 원을 야생동물 보호,
댐 철거, 토지 보존, 정치 후원금 등 다양한 환경 보호 활동에 사
용하였습니다. 알래스카의 광산 개발 저지를 위해 300만 달러를
지원하였고, 칠레와 아르헨티나의 토지 보존을 위해 각각 300만
달러를 투자하는 식입니다.

이러한 활동은 파타고니아가 환경 보호를 위해 지속적인 노력
을 기울이고 있음을 보여 줍니다. 회사의 수익을 환경 보호에 직
접 투입함으로써 기업의 사회적 책임을 실천하는 것이죠. 끝없이
변해야 살아갈 수 있는 비즈니스 세계에서도 변하지 않는 가치가
사업을 이끌어 가는 훌륭한 예시입니다.

아리스토텔레스의 철학에서 중요한 교훈은 변하는 것과 변하

지 않는 것, 두 가지 측면을 동시에 고려하며 살아가는 것입니다. 현대 사회는 새로운 기술과 정보가 끊임없이 등장하며 환경과 조건이 급격히 변하고 있습니다. 우리는 변화 속에서 살아가야 하지만, 동시에 그 변화의 중심에 있는 변하지 않는 가치를 염두에 두고 있어야 합니다. 그렇다면 무엇이 변하고 무엇이 변하지 않는 것일까요? 이를 분명히 이해하는 것이 중요합니다.

약 2,000년 동안 살아남은 고전들이 여전히 사람들에게 영향을 미친다는 사실은 변하지 않는 진리의 중요성을 상기시킵니다. 서양 철학의 3대 인물로 손꼽히는 아리스토텔레스, 플라톤, 그리고 소크라테스가 말한 미덕의 가치는 오늘날에도 중요한 삶의 지표가 됩니다.

절제, 용기, 정의와 같은 미덕 역시 변하지 않는 가치입니다. 시대를 초월해 계속해서 중요하게 여겨지고 있습니다. 그러나 이 가치들을 이해하고 적용하는 방식은 시대에 따라 변해갑니다. 언어와 사회적 환경이 변화하면서 미덕의 실천 또한 각기 다른 방식으로 이루어지는 것입니다. 이처럼 변하는 것과 변하지 않는 것이 상호작용하며 우리의 삶을 이끌어야 합니다.

경제 세계에서도 끊임없는 변화 속에 변하지 않는 원칙들이 존재합니다. 예를 들어, 경제는 수요와 공급의 원리, 경제의 확장과 침체의 사이클 등 기본적인 원리에 따라 움직입니다. 이러한 원칙은 변하지 않지만, 경제 상황은 끊임없이 변합니다.

새로운 기술이 도입되고, 시장 환경이 바뀌며, 소비자의 요구가 달라지면서 경제도 변화합니다. 경제의 기본 원칙인 수요와 공급의 원리는 새로운 트렌드인 온라인 마켓에서도 똑같이 작동합니다. 그렇게 변화하는 소비자의 요구와 빠르게 변하는 시장의 흐름 속에서도, 수요와 공급이라는 근본적인 원칙이 경제를 움직이는 핵심 요소로 작용하는 것이죠. 이는 기술의 발전과 함께 경제가 끊임없이 변화하더라도, 근본적인 가치가 어떻게 유지되고 있는지를 잘 보여 줍니다.

인생 역시 끝없이 변화합니다. 우리는 자라면서 성장하고, 직업을 바꾸며, 새로운 사람을 만나고, 때로는 어려운 상황을 맞이합니다. 하지만 인생의 변화를 관통하는 변하지 않는 가치가 인생을 이끌어야 합니다. 한 사람이 중심으로 삼고 있는 신념이나 윤리적 기준은 어떤 상황에서도 그를 흔들리지 않게 하는 힘이 됩니다.

이러한 신념은 사회적 변화나 경제적 압력 속에서도 변하지 않고, 그 사람의 삶을 안정적으로 지탱하는 역할을 합니다. 이러한 변하지 않는 가치들은 혼란과 변화 속에서도 안정적인 삶을 유지하는 핵심 요소가 됩니다.

이것을 자신의 삶을 통해서 잘 보여 준 사람이 있습니다. 바로 아동문학가이자 교육자인 소파 방정환方定煥입니다. 방정환은 한국의 어린이 운동의 선구자로, 어린이의 권리와 교육에 대해 변함없는 신념을 가진 인물이었습니다. 일제강점기였던 1920년대, 그는 당시 사회에서 소외되었던 어린이를 독립적이고 존중받는 존재로 대우해야 한다고 주장했습니다.

　방정환은 어린이 잡지 《어린이》를 창간하고, '어린이날'을 제정해 어린이의 인권과 행복을 위한 활동을 펼쳤습니다. 또한, 아이들이 고유한 가치를 지닌 존재라는 신념을 담아 '어린이'라는 존칭을 제안하고 널리 퍼뜨렸습니다. 사회적, 경제적 어려움 속에서도 방정환의 이러한 신념은 흔들리지 않았고, 그가 일생을 바친 노력 덕분에 오늘날 한국 사회는 어린이를 존중하고 보호할 문화적 기반을 갖추게 되었습니다. 한 사람의 변하지 않는 가치가 어떻게 삶을 이끌었고, 이 사회를 변화시켰는지를 보여 줍니다.

　결국, 아리스토텔레스는 우리에게 변화와 변하지 않는 가치 사이의 균형을 맞추는 일의 중요성을 강조합니다. 변화하는 환경 속에서 유연하게 적응하며 살아가되, 동시에 변하지 않는 가치에 기반을 두고 일관된 방향을 유지하는 것이 진정한 지혜일 것입니다. 이는 개인의 삶뿐만 아니라 사회와 경제, 인간관계에서도 중요한 교훈이 됩니다.

　변화와 변하지 않는 것의 조화를 이루는 것은 우리의 삶을 더 의미 있고 안정적으로 만듭니다. 기술의 발전과 새로운 변화가

계속해서 우리를 둘러싸고 있는 이 시대에 아리스토텔레스의 가
르침을 되새기며 변하지 않는 가치들을 삶 속에서 발견하고 지켜
나가는 노력이 필요합니다.

- 변화는 모든 존재가 지닌 가능태(잠재력)가 현실태(실현)로 전
  환되는 과정이다.
- 부동의 원동자는 스스로는 변하지 않으면서 다른 모든 것을 움
  직이게 만드는 근원이다.
- 변화와 변하지 않는 것의 조화를 이루는 삶이 필요하다.
- 변화 속에서는 유연함이, 중심에는 변하지 않는 가치가 있어야
  한다.

이상주의자와
현실주의자

형상과 질료

지식은 경험에서 비롯되며, 경험은 지각에서 생긴다.

《아리스토텔레스》

고려 말이었던 1350년은 혼란의 시기였습니다. 권력을 잡은 사람은 부패했고, 왕권의 약화로 국가 통치력이 크게 흔들렸으며, 왜구의 침입과 홍건적의 침략으로 백성들은 고통 받았습니다. 이러한 혼란한 시기에 당대 최고의 학문을 함께 공부한 스승과 제자가 있습니다. 바로 스승 이색李穡과 그의 제자 정도전鄭道傳이었습니다.

그러나 나라가 흔들리던 시기, 스승과 제자는 각자 다른 길을 선택하게 됩니다. 이색은 전통을 지키는 현실주의자였습니다. 그는 고려 왕조의 도덕적 가치를 회복하려는 노력을 멈추지 않았

고, 급격한 변화가 가져올 혼란을 우려했습니다. 부패한 고려 왕
조에도 여전히 가치가 남아 있다고 믿었고, 기존 체제를 지키는
것이 현실적인 방법이라 여겼습니다.

반면, 정도전은 썩어가는 질서를 그대로 두는 것은 더 큰 고통
을 초래한다고 보고 과감히 왕조를 뒤엎는 혁명을 선택했습니다.
스승과 제자의 이런 갈등은 단순한 개인의 선택이 아닌, 시대의
방향을 결정짓는 중대한 대립이었습니다.

오늘날에도 이색과 정도전처럼 현실과 이상 사이에서 고민하
는 일은 비일비재합니다. 특히 '평생 직장'이라는 개념이 점차 사
라지면서 직장에서 안정적인 삶을 이어갈 것인지 아니면 꿈을 위
해 모든 것을 걸고 새로운 도전을 할 것인지 고민하는 사람들이
많아졌죠. 이들의 모습이 이색과 정도전의 모습과 다르지는 않을
듯합니다.

퇴사를 고민하는 직장인들 앞에는 두 가지 선택지가 놓여 있습
니다. 과감하게 퇴사하고 자신이 하고 싶은 일을 하며 살 것인지,
아니면 경제적인 안정성을 이유로 계속 직장을 다닐 것인지 하는
선택지죠. 머릿속에서는 마치 이상주의자와 현실주의자가 끊임
없이 논쟁하는 듯합니다. 꿈을 좇아 퇴사를 감행할 것인지, 아니
면 경제적 안정을 유지할 것인지의 갈등은 현대 직장인의 공통된
고민입니다.

이러한 상황 속에서 많은 사람이 부업을 시도하기도 하죠. 유

튜브를 시작하거나, 온라인 마켓에서 물건을 판매하고, 심지어는 회사 몰래 책을 출간해 작가로 데뷔하는 직장인도 있습니다. 불과 20년 전만 해도 상상도 못했던 이러한 모습들이 이제는 새로운 직장인의 풍경이 되었습니다.

그러나 현실은 냉정합니다. 부업에 열과 성을 다해도 수익을 내지 못하거나 월급보다 훨씬 낮은 수익에 그치는 경우가 많습니다. 이때 사람들은 또다시 고민하게 됩니다. 이상주의자처럼 "나는 할 수 있다"라며 계속 도전해야 할까요? 아니면 현실주의자처럼 "이건 어려운 일이고, 성공하는 건 특별한 사람들뿐"이라며 직장 생활에 집중해야 할까요?

반대의 길을 걸어간 스승과 제자

고대 그리스에도 두 가지 반대되는 관점을 가진 철학자들이 있었습니다. 바로 이상주의자인 플라톤과 현실주의자인 아리스토텔레스입니다.

플라톤은 눈에 보이지 않는 이상적인 세계를 중시하며 인간이 그 이상을 향해 나아가야 한다고 믿었습니다. 반면, 아리스토텔레스는 실질적인 경험과 현실 속에서의 판단을 중요시했습니다.

플라톤은 고대 그리스의 철학자이자 아리스토텔레스의 스승으로, 서양 철학의 기초를 세운 인물 가운데 한 명입니다. 아테네의 귀족 가문에서 태어난 그는 젊은 시절 소크라테스의 제자로 철학을 배우며 그의 사상에 깊은 영향을 받았습니다. 소크라테스의 처형 이후 플라톤은 여러 지역을 여행하며 철학적 지식 쌓았죠. 이후 아테네에 돌아와 '아카데메이아 Acadēmeia'라는 학교를 설립해 후학을 양성합니다.

그의 저작들은 주로 대화 형식으로 작성되었으며, '이데아 idea 이론', '동굴의 비유 Plato's cave', '국가론 the republic' 등을 통해 이상적 국가와 영혼의 본질, 진리와 정의에 대해 깊이 탐구했음을 알 수 있습니다. 플라톤의 철학은 이후 서양 철학의 발전에 큰 영향을 미쳤습니다.

그런데 그는 왜 이상주의자라고 불릴까요? 이유는 그의 철학 개념 가운데 이데아라는 개념 때문입니다. 이데아란 현실 세계를 넘어선 이상적이고 완전한 세계를 의미합니다. 플라톤은 인간이 감각적으로 인지하는 현실은 완전한 실체가 아니며, 진정한 실재는 오직 이데아의 세계에 존재한다고 주장했습니다.

"하나의 아름다움은 또 다른 아름다움으로 존재하고, 각각의 아름다움 속에서 우리는 이데아인 '아름다움 그 자체'를 본다."

플라톤, 《향연》

플라톤은 우리가 눈으로 보고 손으로 만질 수 있는 모든 사물과 현상은 이데아의 불완전한 모방에 불과하다고 설명합니다. 예를 들어, 우리는 현실에서 다양한 사각형을 볼 수 있습니다. 종이에 그려진 사각형, 컴퓨터 화면의 사각형, 벽돌, 책, 창문 등 여러 형태의 사각형들이 있죠. 그러나 우리가 실제로 그리는 사각형은 항상 완벽한 사각형은 아닙니다. 현실의 사각형은 각의 크기가 조금씩 어긋나거나, 변의 길이가 미세하게 다를 수 있습니다. 현실의 모든 사각형은 이상적인 사각형의 이데아를 닮으려고 하지만, 완전히 도달하지는 못합니다.

플라톤의 이데아론에 따르면, 이상적인 사각형의 이데아는 완벽한 네 개의 직각과 변이 모두 같은 길이를 가진 사각형입니다. 이 사각형은 추상적인 개념으로써 우리가 눈으로 보거나 손으로 만질 수 있는 것은 아닙니다. 그러나 우리의 마음속에는 완벽한 사각형에 대한 개념이 존재하고, 이것이 바로 '사각형의 이데아'라는 것입니다.

"눈으로 볼 수 있는 세계와 달리 이데아는 그것이 상징하는 것들보다 훨씬 더 진정한 존재로 존재하며, 우리가 지각하는 모든 것은 이데아의 그림자에 불과하다."

플라톤, 《국가론》〈동굴의 비유〉

이를 이해하는 데 도움을 주는 것이 바로 플라톤의 동굴의 비유입니다. 플라톤은 인간이 마치 동굴 속에 갇혀 불빛을 등지고 있는 죄수와 같다고 말합니다. 죄수들은 동굴 벽에 비치는 그림자만을 보고 그 그림자를 현실로 인식하지만, 사실 그것은 진정한 실제 모습이 아닙니다. 그림자는 동굴 밖에서 비추는 진짜 사물들이 빛을 받아 벽에 비친 모습들에 불과합니다.

동굴을 빠져나와 바깥 세계를 마주한 사람은 비로소 진정한 빛과 이데아의 실제 모습을 볼 수 있게 됩니다. 플라톤에 따르면, 이 바깥 세계가 바로 이데아의 세계이며 인간이 감각을 통해 보는 현실 세계는 이데아의 불완전한 그림자일 뿐입니다. 동굴 속의 죄수들이 그림자를 실제로 착각하는 것처럼, 우리는 감각적 세계를 실재로 착각하고 있다는 것입니다.

플라톤은 직장인에게 이렇게 조언할지도 모릅니다. "보이지 않는 이상을 좇아서 너의 꿈을 실현하고, 과감하게 퇴사하라"라고 말이죠. 직장에서의 모습은 동굴에 불과하고, 꿈꾸는 진정한 이상적인 삶은 동굴 밖, 즉 직장을 퇴사했을 때 비로소 볼 수 있을 것이라고 말입니다.

실제로 플라톤의 이상주의를 현대사회를 살아가는 직장인에게도 적용해 볼 수 있습니다. 퇴사를 고려하는 직장인에게는 이상적인 삶에 대한 특정한 이미지가 있을 것입니다. 자유롭게 자신의 시간과 에너지를 쓰고 자신이 진정으로 하고 싶은 일에 몰두

하는 삶, 또는 경제적 자립과 일과 삶의 균형이 완벽하게 이루어
진 삶을 떠올릴 수 있죠. 이런 삶이 바로 그들의 이상적인 이데아
의 삶이 될 겁니다. 현실에서는 이루어지기 힘든 모습이죠.

어떻게 보면 플라톤의 이상주의는 눈에 보이지 않지만 꿈과 비
전과 같은 나의 미래 모습을 말하는 건지도 모릅니다. 퇴사하고
새로운 길을 모색하는 직장인들에게 이상적인 나 자신의 모습을
그려보게 해서 앞으로 나아가야 할 방향을 알려주는 것일 수도
있죠.

반면, 아리스토텔레스는 현실주의자라고 불립니다. 아리스토
텔레스는 보다 현실적이고 구체적인 사물과 경험을 통해 세상을
이해했습니다. 그는 모든 지식이 경험과 관찰을 통해 형성된다고
주장했으며, 이렇게 현실적으로 접근했기에 현실주의자로 불리
었습니다.

아리스토텔레스는 모든 지식이 경험과 관찰을 통해 형성된다
고 주장했습니다. 인간은 감각적인 경험을 통해 세상을 이해하
고, 구체적인 현실을 분석함으로써 지식을 얻는다고 보았습니다.
따라서 그의 철학은 이상적인 추상적 개념보다 현실적인 경험과
관찰된 사실을 중시합니다.

이는 이론적 추상보다 실제 삶에서 겪는 현실적인 문제를 해결
하는 데 중점을 둔 관점입니다. 앞서 이야기한 실천적 지혜(본문

085쪽 참고)라는 개념도, 구체적인 상황과 맥락을 잘 고려해서 어떻게 행동할지를 결정하라는 것도 아리스토텔레스가 지극히 현실주의자라는 증거입니다.

"형상과 질료는 모든 존재의 두 가지 원리이다. 형상은 사물의 본질과 목적을 규정하고, 질료는 그것을 구성하는 실체이다."

《형이상학》

아리스토텔레스는 모든 사물이 '형상eidos'과 '질료hyle'로 구성된다고 주장했습니다. 질료는 사물을 이루는 물질적인 요소이고, 형상은 그 사물이 무엇인지를 결정짓는 본질적인 특성을 의미합니다. 예를 들어, 나무로 만든 의자의 경우 나무가 의자의 질료가 되고, 의자의 형상은 의자가 의자답게 만들어 주는 구조적 특성과 기능을 의미합니다.

이때 아리스토텔레스는 질료와 형상이 함께 현실적인 사물의 존재를 이룬다고 보았습니다. 이 시각을 인간에게 적용하면 인간의 본질적인 기능, 즉 이성이나 사고하는 능력은 형상이 되고, 인간을 구성하는 신체는 질료가 되는 겁니다.

플라톤은 모든 사물의 본질을 이상적인 이데아에 있다고 믿으며 감각으로 인지하는 현실은 이 이상적 본질의 불완전한 모방일 뿐이라고 설명했습니다. 하지만 아리스토텔레스는 사물 자체가 그 본질을 담고 있으며, 현실 세계의 구체적인 모습과 목적이 결합해 존재한다고 보았습니다. 이를 통해 현실을 분석하고 이해하는 접근을 제시했죠. 그의 '형상-질료' 이론은 사물을 구체적이고 물질적인 요소(질료)와 그것의 본질적인 목적과 특성(형상)으로 이해해야 한다고 말합니다.

아리스토텔레스의 형상과 질료는 현대사회를 살아가는 데 있어 현실을 어떻게 분석할 수 있는지에 대한 방법을 제공합니다. 직장인의 경우에 형상은 각 개인에게 직장이 어떤 의미인지, 또 무엇을 제공하는지 등으로 해석할 수 있습니다. 직장과 연관된 성장과 발전, 자아실현, 경제적 자유 등을 말하겠죠, 반대로 질료는 현실적이고 구체적인 모습입니다. 연봉, 직위, 현재 직장에서의 역할 등이 질료에 해당합니다.

현대 사회에서 직장을 고민하는 직장인을 예로 들어 보겠습니다. 플라톤의 이상주의적 접근에서는 이상적인 직장이나 이상적인 삶이라는 개념이 중요한 반면, 아리스토텔레스의 현실주의적 관점에서 직장인이 고려해야 할 것은 직장이 제공하는 구체적인 조건과 역할이며, 이를 통해 이상적인 직장의 형태에 다가가는 것입니다.

아리스토텔레스라면 퇴사하고 싶은 직장인에게 "현실을 냉정하게 판단하고, 그 안에서 올바른 선택을 내려라"라고 말해 주겠

네요. 이는 실천적 지혜를 통해 각자의 상황을 정확히 파악하고, 구체적인 행동을 실천하는 것과 같은 맥락입니다.

현실적인 낭만주의자가 되어라

현실과 이상 사이에서의 고민은 직장인들뿐만 아니라 우리 모두가 직면한 문제입니다. 이에 대해 '현실적 낭만주의자'라는 접근이 있습니다. 이는 이상적인 삶을 꿈꾸면서도 현실의 제약을 냉정하게 받아들이고, 단계적으로 목표를 달성하기 위해 노력하는 태도입니다.

나치 강제 수용소에서의 경험을 바탕으로 인간의 의미에 대해 연구한 정신과 의사이자 철학자 빅터 프랭클Viktor Frankl의 이야기에서 현실적 낭만주의자에 대해 알 수 있습니다.

크리스마스가 다가오던 어느 날, 한 수감자가 작은 희망에 사로잡혀 주변 사람들에게 "크리스마스 전에는 반드시 이곳을 나갈 거야. 그때가 되면 이 악몽도 끝날 거야"라고 말하고 다녔습니다. 그의 말은 간절했고, 그 희망은 매일을 견디는 유일한 버팀목이었습니다.

크리스마스가 지나고도 아무 일도 일어나지 않자 그 수감자의 몸과 마음은 급격히 무너졌습니다. 며칠 뒤 병에 걸려 침대에서 일어나지 못했고, 결국 수용소의 추위와 절망 속에서 생명을 잃었습니다. 프랭클은 그의 죽음을 보며 깨달았습니다. 맹목적인 희망은 좌절이 되었을 때 삶의 의지마저 무너뜨린다는 것을요.

하지만 같은 수용소에 전혀 다른 태도로 살아간 사람들도 있었습니다. 그들은 현실을 냉정히 받아들이며 말하곤 했습니다. "우리는 내일도 여전히 여기 있을 거야. 하지만 언젠가는 나갈 수 있겠지." 이들은 특정한 날짜에 희망을 묶어 두지 않았습니다. 대신, 현재의 고통을 인정하면서도 그 속에서 살아남을 이유를 찾았습니다. 예컨대, "내가 살아나가야 내 가족을 다시 볼 수 있다"라거나 "이 끔찍한 경험을 세상에 알리기 위해 살아남아야 한다"와 같은 목표를 품었습니다.

또 그들은 작은 목표를 만들어 매일을 버텼습니다. "오늘은 동료에게 웃음을 주자"라거나 "내일은 배급받은 빵 한 조각을 아껴서 다른 사람과 나누자"와 같은 식이었습니다. 현실을 인정하면서도 작은 행동을 통해 인간다운 면모를 지켰고, 이런 현실적 낭만주의는 그들에게 삶의 의지를 불어넣어 매일을 버틸 작은 이유가 되었습니다.

프랭클은 이 두 유형의 사람들을 보며 깨달았습니다. 인간에게 희망은 생존의 원동력이 되지만, 그것이 맹목적일 때는 독이 될 수도 있다는 사실을요. 진정한 희망은 현실을 무시하지 않고 끝나지 않은 고통을 견딜 수 있는 이유를 찾아가는 데 있었습니다.

이러한 사고방식은 현실적 낭만주의자로서의 삶을 보여 줍니다. 현실적 낭만주의자는 플라톤의 이상적 이데아를 꿈꾸면서도 아리스토텔레스가 강조한 냉철한 현실 인식을 바탕으로 행동합니다. 그들은 이상적인 삶을 상상하며 그 목표를 향해 노력하되, 현실의 상황도 명확하게 인식하고 준비합니다.

이를 직장인의 삶에 적용해 본다면, 현실적 낭만주의자는 당장의 직장 생활도 열심히 하지만 꾸준히 부업이나 다른 프로젝트를 진행해 나갑니다. 그들은 직장을 유지하면서도 꿈을 향해 조금씩 나아가며 퇴사를 감행할 수 있을 만큼 사업이나 새로운 분야에서의 경험을 쌓아 갑니다.

이 선택 앞에서 중요한 것은 자신이 진정으로 원하는 것이 무엇인지, 그리고 현실에서 그것을 이루기 위해 무엇을 해야 하는지 명확히 아는 것입니다. 당연하게도, 정답은 없습니다. 하지만 중요한 것은 자신이 믿고 원하는 일을 놓치지 않는 것이며, 지금 처한 현실 또한 외면하지 않는 것입니다.

아리스토텔레스는 "경험을 통해 지혜를 쌓아 나가야 한다"라고 강조했습니다. 그가 말한 실천적 지혜는 구체적인 상황 속에서 올바른 판단과 선택을 하도록 돕습니다. 우리가 직면한 고민 속에서 경험을 통해 배우고, 그 경험을 바탕으로 점차 더 나은 결정을 내리는 것이야말로 삶의 지혜가 아닐까요?

결국, 꿈과 현실 사이에서 균형을 잡고 경험을 통해 지혜를 쌓아 가는 과정이 우리에게 더 행복한 삶의 길을 열어 줄 것입니다.

- 플라톤의 이데아론에서는 감각적으로 인지하는 현실이 불완전하며, 진정한 실재는 이상적이고 완전한 세계인 이데아에 존재한다고 말한다.
- 아리스토텔레스는 모든 지식이 감각적 경험과 관찰을 통해 형성된다고 보았기에 이상적인 개념보다 현실적인 문제 해결을 중시했다.
- 아리스토텔레스는 사물이 본질적 특성(형상)과 물질적 요소(질료)로 구성된다고 말한다.
- 현실적 낭만주의자는 이상적인 목표를 꿈꾸면서도 현실의 제약을 받아들이고, 단계적으로 목표를 이루기 위해 노력하는 태도이다.

지식은 경험에서 비롯되며,

경험은 지각에서 생긴다.

지식은 경험에서 비롯되며,

경험은 지각에서 생긴다.

"왜 이 선택을
해야 하는가"

목적론

—◇—

모든 행동에는 어떤 목적이 있고,
그 목적은 궁극적인 좋음을 추구한다.

《니코마코스 윤리학》

전기 자동차 회사 테슬라의 창업자 일론 머스크는 자신만의 뚜
렷한 목적을 가지고 삶을 살아가는 것으로 유명합니다. 머스크는
지구가 자원 고갈, 환경 파괴 등으로 인해 더 이상 안전한 서식지
가 되지 못할 가능성을 염두에 두며 "인류를 다행성 종족으로 만
들어야 한다"라는 비전을 품었죠. 이를 위해 그는 스페이스X를
설립해 화성에 인간이 정착할 수 있는 거주지를 만드는 것을 최
종 목표로 삼았습니다.

하지만 이 최상위 목적은 단순한 우주 탐사만으로 이루어질 수

없었고, 지구상의 여러 문제를 해결해야 가능한 일이었습니다.
그래서 다양한 하위 목적을 설정하고, 이를 달성하기 위해 테슬
라를 비롯하여 태양광 에너지 회사 솔라시티, 하이퍼루프와 같은
대규모 프로젝트들을 병행하고 있습니다.

테슬라의 전기 자동차는 화석 연료 사용을 줄이고 지속 가능한
에너지로 전환하는 데 기여했습니다. 이는 단순히 환경을 보호하
는 것을 넘어, 솔라시티와 더불어 화성 정착과 같은 대규모 프로
젝트에 필요한 에너지 혁신 기술을 발전시키는 역할을 했습니다.
또한, 스페이스X는 재활용 로켓으로 우주 탐사의 경제적 장벽을
낮추었습니다.

머스크의 하위 목적들은 각각 독립적으로 보이지만, 궁극적으
로는 인류를 다행성 종족으로 진화시키고 인류 생존 가능성을 높
이겠다는 상위 목적과 유기적으로 연결되어 있습니다. 이러한 접
근은 그가 단순히 개별 기업을 운영하는 사업가를 넘어, 인류의
미래를 설계하는 비전을 가진 혁신가로 자리 잡게 한 원동력이
되었습니다.

인생에서 하위 목적은 상위 목적에 포함되는 계층 구조를 가
지고, 이 계층 구조는 인생의 큰 그림을 설계하는 데 매우 중요한
역할을 합니다. 예를 들어, 화성을 인류의 새로운 거주지로 만드
는 것이 머스크의 상위 목적이라면, 스페이스X의 재활용 로켓 개

발, 테슬라의 전기 자동차 혁신, 지속 가능한 에너지 사업은 이를 실현하기 위한 구체적인 하위 목적들입니다. 머스크의 사례는 우리가 일상적인 선택과 행동이 어떻게 더 큰 상위 목적과 연결될 수 있는지를 보여 줍니다.

작은 목표들이 모여 큰 목표를 이룬다

우리의 인생도 일론 머스크의 사례처럼 하위 목적과 상위 목적이 유기적으로 연결된 하나의 큰 설계도로 이해할 수 있습니다. 이 설계도를 명확히 인식하고, 각 행동이 더 높은 목적을 이루는 데 어떻게 기여하는지 자각할 때, 우리는 더 의미있는 삶을 살아갈 수 있습니다. 상위 목적은 더 큰 가치와 의미를 담고 있으며,

우리의 행동과 선택에 중요한 방향을 제시하기 때문입니다.

"어떤 하나의 상위 목적이 존재한다면 그것이 바로 우리가 추구
해야 하는 것이며, 여러 개의 상위 목적이 있다면 그것보다 더 최
상위에 있는 것이 우리가 바로 인생에서 진정 추구해야 하는 것이
된다."

"모든 행동은 내가 세운 목적에 의해 규정된다."

《니코마코스 윤리학》

상위 목적을 발견하는 과정은 인생의 다양한 행동이 서로 연결
되어 있음을 깨닫는 과정이기도 합니다. 우리는 종종 "왜 이 일을
해야 하는가?"라는 의문을 가지지만, 이 질문을 반복하다 보면 모
든 행동이 더 큰 그림 속에서 서로 연결되어 있음을 알게 됩니다.

운동을 해야 하는 이유를 물으면 "건강을 위해서"라는 답이 나
오고, 건강이 중요한 이유를 묻다 보면 "삶의 질을 높이고 가족과
더 많은 시간을 보내기 위해서"라는 답에 도달합니다. 이처럼 자
신의 행동을 깊이 탐구하다 보면 점차 인생의 더 큰 의미와 목표
를 찾아가게 되는 것이죠.

이 과정을 통해 우리는 자신의 인생에서 진정으로 중요한 것이
무엇인지 발견하게 됩니다. 아리스토텔레스는 인생에서 가장 중
요한 것을 찾는 과정이 삶의 본질에 다가가는 중요한 여정이라고

보았습니다. 왜 돈을 벌어야 하는지, 왜 특정한 사람들과 관계를 유지해야 하는지 스스로 질문하다 보면 결국 자신에게 가장 소중한 것이 무엇인지 깨닫게 되는 것입니다.

목적의 사다리를 따라 올라가다 보면 마침내 궁극적 목적에 다다르게 됩니다. 아리스토텔레스는 "목적이 하나뿐인 것도 있지만, 많은 것이 있는 경우도 있다"라고 말하며, 각각의 목적이 우리 삶의 가장 중요한 가치와 연결된다고 설명했습니다. 모든 목적의 끝에는 그 자체로 충분히 만족스러운 궁극적 목적이 존재하고, 이것이 우리의 삶을 이끄는 방향성을 제공하는 것이죠.

가족과의 시간을 궁극적 목적으로 삼은 사람은 그 목표를 실현하는 데 도움이 되는 직업을 선택하고 자신의 생활 방식을 조정할 것입니다. 궁극적 목적을 명확히 인식하면, 왜 지금의 삶을 살아가고 있는지 해답을 얻게 됩니다.

아리스토텔레스의 목적론에 따르면 인생의 목적을 찾는 과정에서 가장 중요한 것은 무엇이 자신의 인생의 진짜 목적인지 깨닫는 것입니다. 아리스토텔레스는 모든 인간이 행복을 추구하고, 그 행복은 이성적 판단을 통해서만 도달할 수 있다고 보았습니다. 그래서 궁극적인 목적을 찾기 위해선 자신이 가치 있다고 느끼는 것, 진정한 행복을 주는 것에 집중해야 한다고 주장합니다. 이는 자칫 추상적일 수 있지만, 자신이 왜 특정한 행동을 하는지 끊임없이 질문하며 그 답을 찾는 과정에서 구체화됩니다.

현대 사회에서 우리는 무수히 많은 선택지를 마주합니다. 안정적인 직장은 월급과 혜택을 통해 경제적 안정과 가족의 안정을 보장합니다. 반면에 창업은 불확실성을 동반하지만, 자신의 열정과 아이디어를 실현하며 더 큰 성취감을 느낄 기회를 제공합니다. 아리스토텔레스의 목적론에 따르면, 이러한 선택 앞에서 자신의 행동이 어떤 궁극적 목적을 이루기 위한 수단인지를 스스로에게 묻는 과정이 중요합니다. 이를 통해 자신이 진정 원하는 삶의 방향성을 명확히 하고 더 나은 선택을 내릴 수 있습니다.

자녀 교육 역시 아리스토텔레스의 목적론을 적용할 수 있는 현실적인 사례입니다. 예를 들어, 자녀에게 더 나은 학습 기회를 제공하기 위해 학군이 좋은 지역으로 이사 가는 것과 현재 거주지에서 가족의 시간과 가치를 우선시하며 아이를 키우는 것 사이에서 갈등할 수 있습니다. 전자는 자녀의 학업 성취를 위한 선택이지만, 가족의 생활 균형을 희생시킬 수 있습니다.

반면 후자는 가족의 유대감을 유지할 수 있지만, 자녀가 학문적으로 더 많은 기회를 얻을 가능성은 제한될 수 있습니다. 이때 아리스토텔레스의 목적론을 통해 자녀 교육에서 궁극적으로 추구하는 가치가 무엇인지 명확히 하면, 어떤 방향이 나와 가족에게 더 의미 있는 선택인지 판단하는 데 도움이 됩니다.

아리스토텔레스의 목적론은 중요한 선택지 앞에서 "왜 지금의 선택을 해야 하는가"라는 질문을 던짐으로써 자신에게 가장 의미 있는 목적을 발견하게 합니다. 그는 우리가 단순히 매일의 과제를 수행하는 데 그치지 않고, 이 모든 행동이 궁극적으로 어떤 상위 목적을 향하고 있는지를 이해해야 더 충실하고 의미 있는 삶을 살아갈 수 있다고 보았습니다.

최상위에 해당하는 목적이 하나 이상일 수는 있지만, 수십 개가 되지는 않을 것입니다. 아리스토텔레스는 궁극적인 목적을 찾으려면 자신의 가치관과 인생의 의미를 깊이 탐구해야 한다고 보았습니다. 이 과정에서 자신의 삶을 구성하는 다양한 행동과 목표들이 상위 목적과 어떻게 연결되는지를 탐구하다 보면 자신에게 가장 중요한 상위 목적을 찾을 수 있습니다.

가족, 자유, 창의성과 같은 상위 목적을 발견하고 이를 중심에 두면 삶은 더 단순하고 명확해지며, 불필요한 욕망과 혼란에서 벗어날 수 있습니다. 아리스토텔레스는 우리의 선택과 행동이 이러한 상위 목적에 부합할 때 진정한 행복에 가까워진다고 말했습니다.

나만의 고유한 인생 목적을 찾는 법

아리스토텔레스는 우리의 행동이 인생의 궁극적 방향과 일치하도록 노력해야 한다고 강조합니다. 이를 통해 우리는 삶에서 불필요한 혼란을 줄이고, 의미 있는 목적에 집중하면서 자신의 에너지를 효과적으로 사용할 수 있습니다. 이성적 판단을 통해 궁극적 목적과 맞지 않는 행동을 줄이는 것이 바로 그가 말하는 '목적이 이끄는 삶'입니다.

그의 목적론은 현대인의 삶에서 중요한 결정을 내리는 데에도 큰 도움을 줍니다. 아리스토텔레스의 철학은 우리가 일상적인 고민 속에서도 올바른 방향을 찾고, 더 나아가 삶의 큰 그림을 그릴 수 있는 힘을 얻게 합니다. 인생에서 무엇을 가장 가치 있게 여길지 고민하고 자신의 선택을 지속적으로 점검하고 조정할 때 우리는 더 나은 방향으로 나아갈 수 있습니다. 그리고 자신의 인생에서 중요한 목적을 고민하고 이를 향해 나아가려면, 다음의 두 가지 사항을 염두에 두어야 합니다.

첫째, 목적은 외부에서 강요된 것이 아니라 내면에서 나와야 합니다. 아리스토텔레스는 인간의 목적^{telos}이 각자의 본성에 내재되어 있다고 보았으며, 자신의 본질과 가치를 탐구하는 과정에서 진정한 목적을 발견할 수 있다고 주장했습니다. 목적은 마치 씨앗과 같습니다. 겉보기엔 작고 미미해 보이지만, 그 씨앗이 자신에게 맞는 땅에 뿌리내리면 결국 큰 나무로 성장하게 됩니다.

애플의 창시자인 스티브 잡스는 어린 시절 아버지와 함께 전자

기기를 분해하고 조립하는 경험을 통해 기술에 대한 깊은 흥미를 발견했습니다. 하지만 그의 열정은 단순히 기계를 다루는 기술적 재미에 그치지 않았습니다. 그는 이 열정을 통해 사람들의 삶을 더 편리하고 창의적으로 바꿀 가능성을 보았고, 이 깨달음은 그의 상위 목적을 정의하는 계기가 되었습니다.

잡스에게 기술은 외부에서 강요된 의무나 사회적 기대가 아니라 자신의 본질에서 자연스럽게 우러나온 열정이었습니다. 그는 단순히 전자 기기를 만드는 기술자가 되는 데 그치지 않았습니다. 애플을 통해 그는 "인간과 기술의 경계에서 아름다움을 창조한다"라는 자신의 목적을 실현했습니다. 그의 내면적 목적은 사람들과의 연결, 창의성의 확장, 그리고 세상을 바꾸고자 하는 갈망으로 이루어져 있었습니다.

외부의 기대에 휘둘렸다면 안정적인 직장을 찾아 평범한 기술자로 남았을지도 모릅니다. 하지만 내면에서 우러나온 목적은 그를 흔들리지 않는 동기와 비전으로 이끌었고, 오늘날 우리가 사용하는 스마트폰과 같은 혁신의 중심에 그를 자리 잡게 했습니다.

자신의 목적이 외부에서 주어진 것이 아니라 내면에서 비롯된 것인지 확인하려면 자기 성찰이 필요합니다. 경제적 안정을 삶의 목적으로 삼았다면 그 이유가 단순히 사회적 기대나 타인의 인정을 얻기 위함인지, 아니면 가족과 자신을 위한 안정된 기반을 만들고자 하는 것인지 스스로 질문해야 합니다.

　내면에서 우러나오는 목적은 잡스처럼 우리의 본질적인 가치
와 열정을 반영하며, 흔들리지 않는 동기를 제공합니다. 그것은
단순히 목표를 이루는 데서 끝나는 것이 아니라 우리가 스스로
정의하는 삶의 방향을 설정하는 나침반과 같은 역할을 합니다.

　둘째, 목적을 추구하는 것은 단순히 무엇을 해야겠다고 목표
를 세우는 데서 끝나는 일이 아닙니다. 아리스토텔레스는 "행복
은 실천에서 나온다"라고 말했습니다. 즉, 우리의 목표가 실제 행
동으로 이어지고 삶을 변화시킬 때 비로소 그 의미가 드러난다는
것이죠. 잡스의 이야기가 이 역시 잘 보여 줍니다. 잡스가 어린
시절부터 전자 기기에 관심이 많았다는 사실은 유명합니다. 하지
만 단순히 "멋진 컴퓨터를 만들어야지"라고 생각했다면, 그의 비
전은 애플이라는 혁신적인 회사를 세우고 세상을 바꾸는 데까지
이르지 못했을 겁니다.

　잡스는 목표를 구체적인 행동으로 바꾸는 데 능했습니다. 예를
들어, 그는 젊은 시절 전자 기기를 분해하고 조립하며 '기술을 단
순하고 아름답게 만들어야 한다'라는 아이디어를 품었습니다. 하
지만 여기서 멈추지 않았습니다. 애플을 창업한 후에도 그는 매
일 디자인 팀과 함께 세세한 부분까지 점검하며 더 나은 제품을
만들기 위해 끊임없이 실험하고 개선했습니다.

　첫 번째 애플 컴퓨터는 초기에는 큰 주목을 받지 못했지만, 실

패에 굴하지 않고 "우리가 만든 제품은 사람들의 삶을 더 나아지게 할 것"이라는 목적을 가지고 아이맥, 아이폰 같은 혁신적인 제품으로 발전시켰습니다. 목적을 실현하는 첫걸음은 작은 행동에서 시작됩니다. 잡스가 처음 전자 기기를 분해하며 얻은 작은 경험들은 결국 그의 커다란 비전으로 이어졌습니다.

우리도 만약 건강을 목표로 한다면, 매일 아침 10분 산책을 하거나 한 끼의 식단을 더 건강하게 바꾸는 작은 실천부터 시작할 수 있습니다. 이런 사소한 행동들이 쌓이면 어느새 큰 변화를 만들어낼 수 있습니다.

물론 여정이 항상 순탄하지는 않을 것입니다. 잡스 역시 수많은 실패를 겪었습니다. 대표적인 예로, 1985년 그는 자신이 세운 애플에서 쫓겨나는 큰 좌절을 맛보았습니다. 하지만 그는 그 시간을 자신을 돌아보고 더 큰 도약을 준비하는 계기로 삼았습니다. 이 경험이 그에게 창의성과 끈기의 가치를 깨닫게 했고, 결국 애플로 복귀해 아이폰이라는 혁신을 만들어 내도록 했습니다. 잡스의 여정은 실천의 과정 자체가 우리를 성장하게 하고, 목적을 이루기 위한 행동이 삶을 더 충만하게 만든다는 점을 생생히 보여 줍니다.

목적과 실천은 떼려야 뗄 수 없는 관계입니다. 진정한 성취는 끊임없는 행동에서 시작됩니다. 잡스처럼 자신의 목적을 구체적인 행동으로 바꾸고 실패 속에서도 다시 일어선다면, 우리도 더 진한 행복과 만족감을 찾을 수 있을 것입니다.

아리스토텔레스의 목적론은 우리에게 "왜 지금의 선택을 해야 하는가"라는 질문을 던지게 하고, 이를 통해 삶의 진정한 목적을 발견하도록 돕습니다. 그는 자신의 가치관과 삶의 의미를 깊이 탐구해야 한다고 말하며, 가족, 자유, 창의성 등 상위 가치를 깨달으면 불필요한 욕구에서 벗어나 진정으로 중요한 것에 집중할 수 있다고 말합니다.

결국, 우리의 행동이 궁극적 목적과 일치하도록 노력한다면 삶의 혼란을 줄이고 에너지를 가장 중요한 곳에 집중할 수 있게 됩니다. 목적이 이끄는 삶을 살게 된다면, 우리는 더 큰 그림 속에서 인생을 더욱 조화롭게 이끌어 나가게 될 것입니다.

· 모든 존재는 자신만의 고유한 목적을 가지고 있으며, 이를 실현하는 과정에서 삶의 의미와 가치를 발견한다.
· 하위 목적은 상위 목적을 이루기 위한 수단이며, 상위 목적은 더 큰 가치와 의미를 지닌 목표를 나타낸다.
· 인간이 일상 행동과 상위 목적의 관계를 자각할 때 비로소 충만한 삶을 살 수 있다.
· 목적과 행동은 분리될 수 없으며, 이를 통해 삶은 하나의 큰 설계도로 완성된다.

모든 행동에는 어떤 목적이 있고,

그 목적은 궁극적인 좋음을 추구한다.

모든 행동에는 어떤 목적이 있고,

그 목적은 궁극적인 좋음을 추구한다.

나를 가장 잘 알아야 하는 건
나 자신이다

귀납법

<hr>

경험에서 과학이 일어난다. 왜냐하면 우리가 여러 가지 인상을
가지면 하나의 보편적인 관념을 이끌어 내기 때문이다.

《분석론 후서》

인생을 잘 살아가려면 어떻게 해야 할까요? 그 답은 자기 자신
을 잘 아는 데에 있습니다. 인생을 잘 살아간다는 것은 결국 '나
자신을 만족시킨다는 것을 의미하고, 이를 위해서는 나에 대한
깊은 이해가 필요하기 때문입니다.

여기서 한 가지 비유를 들어보겠습니다. 자신을 어떠한 서비스
를 받는 고객으로 상상해 보는 것입니다. 고객을 만족시키기 위
해서는 그 사람을 자세하게 알아야 합니다. 마찬가지로 나 자신
을 잘 알고, 내가 어떤 인생을 살아왔으며, 어떤 추억이 있는지,

현재 무엇을 좋아하는지, 심지어 음식 취향까지도 알고 있다면 나를 만족시키는 삶을 살아갈 수 있을 것입니다.

그렇다면 자기 자신을 잘 알기 위해서는 어떻게 해야 할까요? 그 방법을 알기 위해서 우리는 철학자 아리스토텔레스가 아닌 과학자 아리스토텔레스를 만나 봐야 합니다.

과학적 사고방식이란 무엇인가

사실 아리스토텔레스는 '최초의 과학자'라고 불립니다. 특히 그는 생물학 분야에서 매우 뛰어난 업적을 남겼습니다. 아리스토텔레스는 스승 플라톤이 죽은 이후 그리스의 레스보스섬에 약 3년 동안 머물렀습니다.

그는 그곳에서 어류와 조류를 관찰하고 연구했습니다. 이런 아리스토텔레스의 연구 덕분에 레스보스섬은 훗날 자연학과 동물학의 발생지로 불리게 됩니다. 무려 500여 종의 생물을 분류하고 연구하며 생명이 어떻게 태어나고 그 특징이 다음 세대로 어떻게 이어지는지를 최초로 밝혔습니다.

아리스토텔레스의 위대한 생물학적 업적은 세 권의 주요 저작인 《동물지》, 《동물의 부분들에 대하여》, 《동물의 발생에 관하여》에 정리되어 있습니다. 이 저작들은 해부학, 생물학, 해양생물학 등 광범위한 분야에서 동물을 관찰하고 분류한 결과를 담고 있으며, 그 영향력은 칼 폰 린네 Carl von Linne 가 근대적인 분류 체계를 세운 18세기까지 이어졌습니다.

그의 연구는 2천 년이 넘는 세월 동안 자연과학의 중심이었습니다. 진화론의 선구자였던 찰스 다윈 Charles Robert Darwin 은 "아리스토텔레스는 세상에서 가장 위대한 자연과학자"라고 평가하기도 했습니다.

아리스토텔레스가 이렇게 위대한 과학적 업적을 달성할 수 있었던 비결은 바로 '과학적 사고방식'에 있습니다. 그는 이미 2,400년 전에 연역법과 귀납법을 제시했으며, 오늘날 과학적 연구 방식의 기초가 되는 관찰, 가설, 검증의 틀을 만들었습니다.

"사실이 충분히 검증되면 신뢰를 얻어야 하는 것은 이론보다 관찰이다. 이론은 관찰 사실에 의해 검증되어야 비로소 신뢰를 얻을 수 있다."

《동물의 발생에 관하여》

아리스토텔레스는 경험과 관찰을 통해 개별적인 사례들 속에서 공통된 원리를 찾아내는 것을 매우 중요하게 여겼습니다. 여기서 '보편적'이라는 것은 모든 개별 사례에서 공통적으로 나타나는 특성을 의미합니다. 즉, 여러 번의 관찰을 통해 특정 사실이나 패턴이 반복적으로 나타난다면 우리는 그것을 보편적인 진리나 원리로 받아들일 수 있다는 것이죠.

아리스토텔레스는 동물학과 해부학 연구를 통해 다양한 동물들을 직접 관찰하면서 각 생물이 특정한 목적을 달성하기 위해 그에 적합한 신체 구조를 가지고 있다는 사실을 발견했습니다. 포유류와 조류, 어류 등 여러 종의 해부학적 특징을 연구했는데, 사자와 같은 육식동물은 강력한 송곳니와 날카로운 발톱을 지니고 있어 먹이를 사냥하거나 뜯어먹기 적합한 구조를 가지고 있다는 사실을 발견해 낸 것입니다. 이와 반대로 소나 말 같은 초식동물은 풀과 나뭇잎을 쉽게 갈아먹을 수 있도록 평평하고 넓은 어금니가 발달되어 있어, 이들의 신체 구조가 먹이 섭취 방식과 밀접하게 연관되어 있음을 확인했습니다.

이러한 반복적 패턴을 통해 아리스토텔레스는 모든 동물이 각자의 생태적 역할과 목적에 맞게 고유한 신체적 특징을 가지고 있다는 보편적 원리를 도출하게 됩니다. 그는 육식과 초식의 차이뿐 아니라, 다양한 생물들의 발달된 기관들이 그 기능과 어떻게 조화를 이루는지를 세밀하게 관찰했습니다.

현대 사회에서는 이러한 과학적 사고방식을 여러 분야에서 활용하는데, 가장 대표적인 것은 질병 연구입니다. 연구자는 다양한 인구 집단을 대상으로 특정 질병의 발생 패턴을 장기적으로 관찰합니다. 예를 들어, 심혈관 질환 연구는 여러 세대에 걸쳐 다

양한 연령대, 성별, 생활 습관의 사람들을 추적 관찰하여 고혈압,
흡연, 비만과 같은 요인이 심장 질환과 밀접하게 연관되어 있음
을 발견했습니다. 반복적인 관찰과 분석을 통해 심장 질환을 일
으키는 원인을 보편적 원리로 받아들여서, 이 요인들을 줄이는
예방 조치를 마련하고 치료 방법을 개발하게 된 것입니다.

아리스토텔레스는 인간이 지식을 습득하는 과정을 4단계로 설
명했습니다.

- **감각**: 앎의 첫 단계는 감각입니다. 인간은 오감을 통해 외부 세
  계를 인식합니다. 이 감각은 구체적인 정보를 신체의 각 기관
  을 통해 받아들이는 최초의 인식 단계입니다.
- **기억**: 감각을 통해 얻어진 정보가 머릿속에 남아 축적되면서
  기억이 형성됩니다. 여기서 기억은 단순히 감각을 저장하는 것
  이 아니라, 지속적으로 그 감각을 반복해서 떠올리는 능력을
  의미합니다.
- **경험**: 여러 번의 기억을 바탕으로 인간은 특정 대상에 대한 패
  턴을 인식하게 됩니다. 이 단계에서 감각과 기억을 종합하여
  특정 상황에서 반복적으로 일어나는 현상이나 결과를 일반화
  하는 경험이 만들어집니다. 이 경험은 특정 대상을 넘어서 다
  른 대상에도 적용할 수 있는 능력을 의미합니다.

· **지혜:** 마지막 단계는 지혜입니다. 여기서 지혜는 아리스토텔레스가 조금 더 보편적인 진리나 원리를 인식하는 능력으로, 경험을 통해 얻어진 법칙이나 원리를 이해하고 이를 보다 보편적인 지식으로 연결하는 능력입니다. 이는 단순한 경험에서 벗어나, 경험을 바탕으로 자연의 원리를 파악하고 이를 깊이 있게 설명할 수 있는 단계입니다.

이 지식 습득 과정은 현대에 와서 디지털 기기와 데이터 분석의 발달로 한층 고도화되었습니다. 예를 들어, 온라인 마케팅에서 고객의 행동을 분석하는 방식도 아리스토텔레스의 원리를 반영한 것입니다. 먼저 웹사이트나 앱에서 고객이 어떻게 움직이는지 관찰합니다. 어떤 콘텐츠나 어떤 문구에 더 관심이 있는지, 어떤 키워드를 가지고 검색을 하는지 말이죠. 그러면서 관심사 등을 알아냅니다. 여러 가지 데이터라는 사례에서 고객들이 공통으로 반응하는 원리와 패턴을 분석하는 거죠.

결국 어떤 방식으로 해야 고객이 더 많이 구매하는지 그 패턴을 찾는 겁니다. 어떤 콘텐츠로 고객을 유입시키고, 유입된 곳에서 어떤 문구, 이미지, 콘텐츠로 고객을 설득해야 구매하는지 발견하여 진리에 가까운 마케팅 공식을 만드는 것입니다. 여기서 핵심은 관찰을 통하여 고객의 움직임을 파악하고 원리를 파악해 나가는 과정입니다.

"과학적 지식의 출발점은 귀납에 의해 알려진 것이다. 왜냐하면
전체의 출발점은 감각적 인식이기 때문이다."

《분석론 후서》

즉, 귀납적 방식의 핵심은 반복된 관찰과 경험, 그리고 이를 통
해 보편적인 원리를 찾고 검증하는 과정에 있습니다. 이는 과학
뿐만 아니라 현대 마케팅, 데이터 분석 등 다양한 분야에서도 여
전히 중요한 접근 방식으로 이어지고 있습니다. 이는 자기 자신
을 이해하기 위한 방법에도 그대로 적용이 됩니다.

인생의 만족도를 높이는 '나 관찰하기'

아리스토텔레스의 철학은 과거에 머물러 있는 것이 아니라, 오
늘날에도 우리가 지식과 정보를 습득하고 활용하는 방식에 큰 영
향을 미칩니다. 이 과정은 끊임없이 관찰하고, 경험을 통해 배우
며, 이를 바탕으로 더 나은 지혜를 얻어가는 여정이라고 할 수 있
습니다. 관찰, 경험, 진리를 찾아가는 사고방식은 우리 인생을 잘
살아갈 수 있는 원리를 찾아가는 데에도 도움을 줍니다.

인생을 만족스럽게 살기 위해 우리는 자신에 대해 두 가지를
알아야 합니다. 첫째는 무엇이 나를 즐겁게 하는지 아는 것이고,

둘째는 나의 부정적인 면을 줄일 수 있는 것이 무엇인지를 파악하는 것입니다. 이 두 가지를 알게 되면 더 나은 선택을 할 수 있고, 결과적으로 삶의 질이 향상될 수 있습니다.

여러 활동을 통해서 나를 관찰하고 내가 언제 기분이 즐거운지 파악해 봅시다. 제가 아는 지인의 경우 주말에 혼자 집에 있는데, 자신을 진짜 즐겁게 하는 활동이 그림 그리기라는 사실을 알고 있습니다. 왜냐하면 그림을 그리기 시작하는 순간 자신만의 감정을 표현하고 현실의 복잡함에서 벗어날 수 있는 특별한 시간으로 변한다는 걸 알고 있기 때문입니다. 물감의 색감과 붓이 종이에 닿는 감촉, 점차 작품이 완성되어 가는 과정에서 몰입하게 되면서 잡생각이 사라지고 마음이 차분해집니다.

이처럼 자기가 무엇을 할 때 기분이 좋아지는지 알고 있다면 인생의 중요한 무기를 가진 셈이 됩니다. 만약 나를 즐겁게 할 수 있는 것을 많이 알고 있다면, 그래서 다양한 환경에서 사용할 수 있다는 걸 알고 있다면 인생을 사는 데 매우 유리할 겁니다. 언제든 기분을 좋게 만들 수 있기 때문이죠. 그래서 나 자신을 실험하고 관찰하듯이, 여러 활동을 해 보면서 내가 언제 즐거움을 느끼는지를 파악해 보는 일은 중요합니다.

하지만 즐거운 활동을 아는 것만으로는 충분하지 않습니다. 자신의 마음이 부정적으로 작용하는 방식도 파악해야 하겠죠? 아무리 좋은 활동을 하더라도 부정적인 감정이나 습관이 반복되면 지

속적인 만족감을 느끼기 어렵습니다. 자신이 어떤 상황에서 방어
적이 되거나 예민하게 반응하는지 원인을 이해하는 것이 중요합
니다.

저 같은 경우 칭찬을 받으면 과하게 기뻐하고 비판을 받으면
상처를 크게 받는 성향이 있었습니다. 특히 프레젠테이션이나 결
과물을 발표할 때 날카로운 비판을 받으면 깊은 고민에 빠지곤
했죠. 크게 상처를 받았습니다. 그때마다 부정적인 감정에 휩싸
여서 더 깊은 상심에 빠지기도 했죠.

때문에 스스로를 관찰하고, 감정 일기도 써 보고, 전문가의 상
담도 받는 등의 활동을 통해서 반복되는 감정 반응을 이해하려고
노력했습니다. 그 결과 불안의 원인은 '무가치해질까 봐, 누군가
에게 버림받을까 봐'라는 두려움에서 비롯된 것임을 깨닫게 되었
습니다.

이를 바탕으로, 긴장이 올라올 때마다 저 자신에게 "못해도 괜
찮아. 이건 그렇게 중요한 일이 아니야. 조금 긴장한다고 큰일 나
는 건 아니야."라고 말해 주며 마음을 안정시키는 법을 배웠습니
다. 이는 나의 부정적인 감정을 줄이기 위해 자신을 세심하게 이
해하고 다독이는 작은 행동이지만, 저의 사회생활과 인생을 크게
바꾸어 주었죠.

이렇게 자신을 더 잘 이해할수록 인생을 더 잘 살아갈 수 있는

원리를 파악하게 됩니다. 이것은 다른 사람에게 적용하기는 어려운, 오직 나만을 위한 공식입니다. 그리고 이 공식은 자신을 다양한 환경과 활동을 하는 데 노출시키는 등 경험하고, 관찰하고, 원리를 파악하는 방법을 통해서 알아낼 수 있습니다. 나라는 개인적 특성에 맞춘 진리이기 때문입니다.

여기서 중요한 것은 다른 사람이 원하는 것이 아니라 내가 진정으로 원하는 것을 아는 것입니다. 다른 사람이 기대하는 내 모습인지, 아니면 내가 진정으로 원하고 기쁨을 느끼는 것인지를 잘 구별해야 합니다. 자신에 대한 정확한 이해가 있다면 진정한 삶의 즐거움을 느낄 수 있습니다. 다른 사람의 기준에 휘둘리지 않고, 내면에서 우러나오는 기쁨을 발견하게 되는 것이죠.

나 자신을 자세하게 이해한다면 인생의 만족도는 높아질 수밖에 없습니다. 결국 자신에 대한 데이터를 많이 가지고 있을수록 인생을 더 행복하게 살 기회를 얻게 되는 것이죠. 이를 위해 끊임없이 나를 탐구하고, 나의 진짜 욕구와 감정에 집중하는 노력이 필요합니다.

- 아리스토텔레스는 최초의 과학자로, 생물학과 자연과학에 큰 기여를 했다.
- 아리스토텔레스는 관찰, 가설, 검증을 바탕으로 귀납적 방식을 통해 보편적 원리를 발견했다.

· 지식 습득에는 네 가지 단계가 있는데 감각을 통해 정보를 얻고,
  기억으로 축적하며, 경험을 통해 패턴을 인식하고, 지혜로 보편
  적 진리를 이해하는 것이다.

· 자신만의 감정과 행동 원리를 발견하면 더 만족스러운 삶을 설
  계할 수 있다.

인생의 핵심에
다가가는 방법

범주론

실체는 다르게 표현되는 모든 것들이
무엇에 의존하는지를 가리킨다.

《범주론》

우리가 자주 방문하는 마트에는 다양한 상품들이 진열되어 있습니다. 큰 공간에 수많은 종류의 상품이 있음에도, 대개 찾고자 하는 물건을 손쉽게 찾아낼 수 있습니다. 왜 그럴까요? 바로 상품들이 잘 분류되어 있기 때문입니다.

마트에는 과일 코너, 유제품 코너, 가공식품 코너 등으로 나뉘어 있어 필요한 물건을 찾기 쉽습니다. 직원들도 새로운 상품이 들어올 때 이미 정해진 분류 체계 덕분에 상품을 효율적으로 배치할 수 있죠. 게다가 상품이 잘 분류되어 있으면 고객도 머릿속에서 구매할 물건을 범주별로, 즉 카테고리로 미리 생각하게 됩니다.

그래서 처음 보는 브랜드나 새로운 상품이라도 대략적인 용도나 종류를 빠르게 파악할 수 있습니다. 처음 보는 이 상품이 유제품인지, 음료인지, 과자류인지 등을 금방 알아차릴 수 있는 것입니다. 만약 마트의 모든 상품이 무작위로 배치되어 있다면, 쇼핑은 매우 불편하고 힘들어질 것입니다.

우리 일상의 대부분은 이렇게 분류를 통해 체계화되어 있습니다. 도서관도 마찬가지입니다. 수많은 책이 정해진 체계에 따라 분류되어 있기에 원하는 책을 쉽게 검색하고 찾을 수 있습니다. 만약 도서관의 책들이 아무런 규칙 없이 제멋대로 놓여 있다면 원하는 책을 찾기 위해 끝없이 돌아다녀야 할 것입니다. 분류는 곧 정리이며, 이를 통해 우리는 일상을 더욱 효율적이고 만족스럽게 보낼 수 있습니다.

이처럼 무언가를 분류하고 종류별로 나누어 생각하는 방식을 '카테고리' 또는 '범주'라고 부릅니다. 범주는 비슷한 성격을 가진 대상을 한데 모아 체계적으로 정리하는 것을 의미합니다. 마트나 도서관 사례에서 보았듯이, 범주는 우리가 살아가는 데 매우 중요한 역할을 합니다.

예를 들어, 성격이라는 추상적이고 복잡한 대상을 쉽게 이해하게 해 주는 대표적인 사례가 바로 MBTI입니다. MBTI 덕분에 우리는 그 사람이 외향형인지, 내향형인지 등 성격의 중요한 특징을 단편적이나마 빠르게 파악하게 되었습니다. 이와 같이 범주에 대한 이해도를 높이고 잘 적용하게 된다면, 복잡한 상황이나 문제들을 빠르게 정리하고 파악하는 데 큰 도움이 됩니다.

세상을 나누는 10가지 범주

아리스토텔레스는 범주화 분야에서 선구자 역할을 했으며, 세상에 존재하는 것들을 체계적으로 분류한 인물입니다. 덕분에 이후 철학자와 과학자들이 마치 마트에서 물건을 쉽게 찾듯이 학문적, 개념적 체계를 잡아갈 때 큰 혜택을 받게 되었습니다.

아리스토텔레스는 사물을 여러 관점에서 바라보고 각 속성에 따라 구분하고 설명할 수 있는 틀을 제시했습니다. 이전의 철학자들도 세상을 분류하고 개념을 정리하려고 시도했지만, 아리스토텔레스만큼 구체적이고 논리적인 범주 체계를 구축한 사람은 없었습니다.

그는 모든 사물과 개념이 각각 다른 속성을 지니며, 이를 분석하고 설명하는 데 필요한 기본 범주가 있다고 보았습니다. 아리스토텔레스의 이러한 시도는 세상에 존재하는 모든 것을 이해하기 위한 체계적인 틀을 제공하려는 것이었습니다.

이것이 바로 아리스토텔레스의 '범주론 categories'입니다. 그는 세상에 존재하는 모든 것을 열 가지 범주로 나누었는데, 그 열 가지 범주는 실체, 양, 질, 관계, 장소, 시간, 상태, 소유, 작용, 수동으로 구성되어 있습니다.

- **실체:** 어떤 사물이나 사람이 그 자체로 존재하는 것을 뜻한다. '사과'나 '사람' 자체가 실체이다.
- **양:** 크기나 수 같은 것을 말한다. 예를 들어 '사과가 3개'라는 건 양에 해당한다.
- **질:** 성질이나 상태를 말한다. 예를 들어 '사과가 빨갛다'라는 건 질에 해당한다.
- **관계:** 두 사물 사이의 연결을 뜻한다. 'A는 B의 형이다'와 같은 관계를 말한다.
- **장소:** 어디에 있는지를 가리킨다. '사과가 테이블 위에 있다'와 같은 장소를 의미한다.
- **시간:** 언제인지를 가리킨다. '지금'이나 '어제'처럼 시간을 말한다.
- **상태:** 어떻게 있는지를 말한다. 예를 들어 '앉아 있다'라는 건 상태를 나타낸다.
- **소유:** 무엇을 가지고 있는지를 뜻한다. 예를 들어 '안경을 쓰고

있다'라는 건 소유 상태이다.

- **작용**: 어떤 행동을 하는지 나타낸다. '책을 읽다'라는 건 작용
  이다.
- **수동**: 어떤 행동을 받는지를 뜻한다. '차에 치이다'는 수동을
  가리킨다.

아리스토텔레스의 열 가지 범주에서 핵심은 바로 실체와 나머지 아홉 개 범주의 구분입니다. 실체는 다른 범주들과 달리 그 자체로 존재하는 것입니다. 반면, 나머지 아홉 개 범주는 실체에 붙어서 그것을 설명하는 속성입니다. 쉽게 말해, 실체가 없다면 다른 아홉 개의 범주는 의미가 없어집니다. 이 아홉 개의 범주는 실체가 어떤 속성을 가지고 있는지 보여 주는 데 사용되기 때문입니다.

예를 들어, 사과라는 실체가 없으면 빨갛다, 작다, 세 개가 있다 등의 속성들은 의미를 잃게 됩니다. 이러한 속성들은 사과라는 실체에 붙어서 사과가 어떤 상태인지, 어떤 성질을 가지고 있는지를 설명하는 역할을 합니다.

아리스토텔레스의 범주는 단순한 구분을 넘어, 세상에 존재하는 거의 모든 것들을 이해하는 데 큰 도움을 주는 틀과 같습니다. 실제로 아리스토텔레스는 자연과학에서도 이 범주론을 적용하여 생물과 비생물을 분류하고, 동식물의 다양한 행동이나 특징을 기

준으로 나누었습니다.

> "모든 생물은 그 속성과 기능에 따라 나눌 수 있으며, 같은 속성
> 을 지닌 생물은 공통의 범주에 속한다."
>
> 《동물의 발생에 관하여》

아리스토텔레스는 동물을 피가 있는 동물과 피가 없는 동물로
나누었는데, 여기서 실체는 동물이고, 혈액이 있고 없고는 속성
이 됩니다. 또한, 물에 사는 동물과 육지에 사는 동물을 나누고,
각각의 동물들이 환경에 적응한 다양한 속성들을 기준으로 분류
했습니다. 아리스토텔레스는 이러한 범주론을 바탕으로 자연계
의 복잡한 사물들을 설명하고 분류할 수 있었던 것입니다. 이 범
주론은 이후 자연계 분류의 철학적 기초가 되었으며, 개별 사물
들의 특성과 관계를 이해하는 데 중요한 도구로 쓰였습니다.

변하지 않는 것의 의미와 가치

학문에서도 아리스토텔레스의 분류 원칙은 동일하게 적용됩니
다. 아리스토텔레스는 학문이라는 실체를 중심으로, 각 학문이
어떤 작용을 하는지에 대한 속성으로 분류했습니다. 그는 학문을

지식 그 자체를 목적으로 하는 이론적 학문, 행동과 실천을 개선하는 실천적 학문, 그리고 무언가를 만들어 내는 것을 목적으로 하는 제작적 학문으로 구분했습니다.

아리스토텔레스는 실체와 속성을 기반으로 분류하고 체계적으로 사고하는 방식 덕분에 광범위한 분야를 연구할 수 있었습니다. 그는 철학과 논리학뿐만 아니라 생물학, 물리학, 정치학, 심리학, 미학, 시학, 수사학 등 다양한 학문에서 연구 성과를 이루어 냈습니다.

철학에서는 형이상학, 윤리학, 정치학 등 여러 분야에서 중요한 저작을 남겼고, 물리학, 생물학, 동물학, 천문학 등 다양한 과학 분야에서 선구적인 연구를 수행했습니다. 또한, 삼단 논법을 통해 논리학의 기초를 세웠고, 시학을 통해 문학 비평의 기초를 마련했으며, 수사학에서는 설득의 기술에 관한 방법론을 제시했습니다.

이 때문에 아리스토텔레스는 '거의 모든 학문萬學의 아버지'라 불립니다. 아리스토텔레스 이후의 학자들은 그가 잘 분류하고 정리해 놓은 학문적 토대 위에서 더 쉽게 연구하고 접근할 수 있었습니다. 이 점에서 아리스토텔레스가 거의 모든 학문 분야에 미친 영향은 대단하다고 할 수 있습니다.

어떤 상황이 주어졌을 때 그것을 분류하는 일은 복잡한 문제를 단순화하고, 잘 분석할 수 있는 기초를 마련하는 것을 의미합니다. 분류를 통해 우리는 쉽게 이해하고, 필요한 정보를 쉽게 찾아볼 수 있기 때문입니다. 아리스토텔레스의 사고방식은 현대 사회까지 이어져 다양한 분야에서 여전히 활용되고 있습니다. 우리도 지금 바로 아리스토텔레스의 범주론을 활용할 수 있습니다.

다시 설명하자면, 범주론에서 실체와 다른 9가지 속성 간의 관계는 우리가 세상을 이해하는 기본 틀을 제공합니다. 실체는 존재의 중심을 이루는 본질적 요소이며, 속성은 그 실체를 설명하고 부가적인 정보를 제공하는 요소입니다. 그래서 사물이나 사람을 볼 때 우리는 다음과 같은 두 가지 질문을 던질 수 있습니다.

· 이것의 실체는 무엇인가?
· 여기에 부가적으로 붙어 있는 속성은 무엇인가?

이러한 구분은 우리가 세상을 바라보는 방식에 큰 영향을 미칩니다. 예를 들어, 사물이나 사람을 볼 때 그 본질(실체)이 무엇인지, 그리고 부수적인 속성이 무엇인지 구분하면 본질에 더욱 집중할 수 있게 됩니다.

아리스토텔레스가 말하는 실체는 그 자체로 존재하는 본질로, 다른 것에 의존하지 않고 독립적으로 존재할 수 있는 것입니다. 사과는 그 자체로 존재할 수 있는 본질적인 실체로, 사과라는 존재는 변하지 않지만 그 외의 속성들은 변할 수 있습니다. 사과의 개수, 모양, 형태는 달라질 수 있어도 사과라는 본질 자체는 변하지 않는다는 것입니다.

이 개념은 인생에도 적용해 볼 수 있습니다. 인생을 살아가는 동안 나라는 사람의 '실체'와 '속성'을 구분할 수 있겠죠. '나'라는 존재 자체가 실체가 되고, 시간이 지나면서 변하는 외적인 특성들은 속성들이 됩니다. 다른 사람들이 나를 어떻게 평가하는지, 나의 사회적 지위나 외모, 재산, 명예 등은 모두 변할 수 있는 부수적인 속성에 불과합니다. 이 속성들은 단지 내가 가진 다양한 특성과 모습이지, 나의 본질을 정의하거나 가치를 결정짓지는 않습니다.

실체와 속성을 구분하는 것이 중요한 이유는 진정으로 자신을 이해하고 인생의 본질적 목표에 집중하도록 하기 때문입니다. 외부의 평가나 조건에 지나치게 의존하게 되면 자기 본연의 모습보다는 외부의 기준에 맞춰진 삶을 살게 될 가능성이 커지게 마련입니다. 이는 사람들이 타인의 기대나 사회적 기준에 맞추려는 경향을 가지기 때문입니다.

"우리는 다른 사람들을 닮기 위해 우리 자신 중 4분의 3을 포기한다."

아르투어 쇼펜하우어, 《소품과 부록》

쇼펜하우어 역시 타인의 인정에 얽매여 자신의 진정한 모습을 잃어버리는 위험성을 경고했습니다. 인간은 사회적 존재로서 타인의 긍정적 평가를 받을 때 기쁨과 만족을 느끼지만, 이런 인정이 지나치게 중요해지면 자신이 진정으로 원하는 것보다는 타인의 시선과 반응에 맞춰 삶을 결정짓게 됩니다. 타인의 기준에 부합하려는 마음이 커지면 자신의 본래 모습이나 진정한 가치보다 그저 남에게 인정받기 위해 살아가게 되는 것입니다.

학업이나 직업에서 타인의 기대에 따라 특정 길을 선택한다면 처음에는 외부의 인정이나 칭찬이 기분 좋게 느껴질 수 있습니다. 하지만 시간이 지남에 따라 자신이 진정으로 원하는 삶과는 거리가 멀다는 생각이 들게 되죠. 이러한 상황이 반복되면 내면의 목소리에 귀 기울여 스스로 원하는 바를 판단하고 결정하는 능력이 약해지고, 결국 자신이 선택한 길에서도 만족감을 찾기 어려워질 수 있습니다.

이처럼 외부의 평가나 조건에 과하게 의존하다 보면 자신의 고유한 특성을 충분히 발휘하기보다는 사회적 기준에 맞춘 '이상적인 모습'을 유지하려는 경향이 커지게 됩니다. 겉으로는 성공적이거나 안정적으로 보일 수 있지만, 내면의 만족감을 느끼지 못하기 때문에 결국 진정으로 원하는 삶을 추구할 기회를 잃을 가능성이 커집니다.

그러나 실체와 속성의 차이를 이해하고 이를 삶에 적용한다면

4장 · 중요한 것은 가장 가까이에 있다

외부 조건의 변화에도 휘둘리지 않고 자신의 본질을 중심에 두고 살아갈 수 있습니다. 외적인 속성에 얽매이지 않고 나라는 실체가 추구하는 진정한 가치와 목표에 집중할 수 있게 합니다.

인생에서 실체와 속성을 구분하는 것은 삶의 방향성을 찾고 행복을 더하는 데 큰 도움이 됩니다. 속성은 외부의 시선이나 사회적 변화에 따라 언제든 변할 수 있지만, 실체는 내가 추구하는 가치나 존재의 본질로서 변하지 않고 안정감을 제공합니다. 실체를 이해하고 이를 중심으로 목표를 세우면 타인의 기대나 환경 변화에도 흔들리지 않는 자신만의 길을 걸어갈 수 있을 것입니다.

- 아리스토텔레스는 세상을 이해하기 위해 모든 사물을 열 가지 범주로 나누었다.
- 실체 없이는 속성도 의미를 가질 수 없으며, 속성은 실체의 특성과 상태를 설명하는 역할을 한다.
- 나 자신의 실체를 이해하면 진정한 자신을 찾고 타인의 기대나 평가에 지나치게 의존하지 않는 삶을 살 수 있다.
- 실체는 변하지 않는 나의 본질을, 속성은 변할 수 있는 외적 특성을 나타낸다.

5장

행복한
삶을
완성하는 것들

수사학, 시학, 정치학

신뢰라는 자산이
중요한 이유

수사학

---◇---

말로 신뢰는 주는 방법으로는 세 가지가 있다.
하나는 말하는 사람의 성품과 관련되어 있고,
다른 하나는 듣는 사람의 심리상태와 관련되어 있으며,
마지막으로 무언가를 증명하거나 증명하는 것처럼 보이는
말 자체에 있다.

《수사학》

1963년, 워싱턴 D.C.에는 약 25만 명의 사람들이 모였습니다.
마틴 루터 킹 주니어 Martin Luther King Jr.는 이날 "I Have a Dream!"
이라는 상징적인 연설을 통해 인종 차별 없는 세상을 선명하게
그렸고, 그의 메시지는 단숨에 전 세계로 퍼져나갔습니다. 그것
은 단순한 연설이 아니라 모두의 가슴에 꿈을 심어 주는 힘을 가
지고 있었습니다. 그의 말은 단순히 이상을 제시하는 데 그치지

않았습니다. 사람들은 연설 속에서 진실과 용기를 느꼈고, 신뢰
하게 되었습니다.

그를 향한 신뢰는 말뿐만 아니라 행동에서도 나왔습니다. 몽고
메리 버스 보이콧을 381일간 이끌며 대법원이 버스 내에서 벌어
진 인종차별을 위헌으로 판결하도록 만들며 큰 승리를 거두었습
니다. 이는 흑인들이 차별에 맞서 평화적으로 저항하는 방법을
보여 주었습니다.

또, 셀마-몽고메리 행진에서는 폭력과 위협 속에서도 비폭력을
고수하며 흑인들이 투표권을 얻는 데 앞장섰습니다. 그의 신념은
단 한 번도 흔들리지 않았고, 사람들은 그의 일관성과 용기에 깊
은 신뢰를 보냈습니다.

마틴 루터 킹은 차별에 저항하는 단순한 운동가가 아니라, 희
망과 평화로 세상을 이끈 지도자였습니다. 그의 비전과 행동은
미국의 민권법 Civil Rights Act of 1964 을 제정하게 했고, 전 세계에 평
등과 인권의 가치를 심었습니다. 그는 사람들에게 신뢰란 단순히
약속이 아니라 정직한 말과 흔들림 없는 행동에서 비롯된다는 것
을 보여 주며, 신뢰 자체가 세상을 바꿀 수 있는 원동력이 될 수
있음을 증명했습니다.

성품이 신뢰를 좌우한다

신뢰라는 단어 하나에 따라서 역사가 바뀌는 일들이 종종 일어나곤 합니다. 우리 인생도 마찬가지입니다. 내가 누군가에게 신뢰를 받는지 여부와, 내가 누구를 신뢰하는가에 따라서 삶의 풍경이 완전히 달라집니다. 직장에서도, 부부 사이에도, 친구 사이에도, 가족 관계에서도 신뢰가 있느냐 없느냐에 따라서 달라지는 것들이 너무 많습니다.

신뢰가 있다면 그 사람의 말을 더 귀 기울여 듣습니다. 신뢰가 없다면 분명 똑같은 이야기인데 잔소리나 이상한 이야기라고 하면서 흘려듣게 되죠. 도대체 어떻게 해야 신뢰를 얻을 수 있을까요? 왜 누구의 이야기는 믿고, 누구의 이야기는 믿지 못하게 되는 걸까요?

아리스토텔레스는 수사학을 통해서 신뢰라는 단어를 설명했습니다. 그에 따르면 신뢰는 '타인을 설득하여 나의 이야기를 믿게 만드는 능력'입니다. 그는 신뢰를 구축하기 위해 중요한 세 가지 요소를 제시했습니다. 바로 에토스 ethos (성품이나 신뢰성), 파토스 pathos (감정), 로고스 logos (이성)입니다.

에토스는 말하는 사람의 성품과 인격을 통해 신뢰를 쌓는 방법입니다. 이 사람이 어떤 사람인지, 도덕성과 진실성이 있는지를 느끼게 합니다. 파토스는 상대방의 감정에 호소해 설득하는 방법으로, 말하는 사람이 감정을 이해하고 공감할 때 신뢰가 강화됩니다. 마지막으로 로고스는 논리적 근거와 이성을 기반으로 신뢰를 구축하는 방법으로, 상대방이 얼마나 체계적이고 논리적으로 말하는지에 따라 신뢰감이 달라집니다.

즉, 우리가 누군가를 신뢰할지 말지를 결정할 때는 그 사람의 성품이 큰 영향을 미치고, 우리의 감정 상태에 따라 신뢰의 정도가 달라질 수 있습니다. 또한, 그 사람이 얼마나 논리적으로 일관성 있게 이야기하는지에 따라서도 신뢰의 여부가 결정됩니다. 이세 가지가 결합할 때 상대방이 우리가 하는 말을 신뢰하게 된다는 게 아리스토텔레스의 주장입니다.

"말하는 사람의 성품은 사람들에게 신뢰를 주는 가장 강력한 수단이다."

《수사학》

아리스토텔레스는 특히 에토스의 중요성을 강조했습니다. 에토스는 '나 자신이 누구인가'에 따라 결정되는 성품으로, 사람들에게 신뢰를 받게 만드는 핵심 요소입니다. 단시간 동안 유지되는 설득은 파토스나 로고스를 통해 가능할지라도, 장시간 동안 유지되는 신뢰는 결국 우리가 누구인지에 달려 있다는 말입니다.

인생은 끝나지 않는 무한 게임과 같아서 지속적으로 이어지고,

신뢰 또한 지속적인 관계 속에서 유지됩니다. 그렇기에 사람의 본성이나 인격이 정말 중요한 것이지요. 에토스가 신뢰도를 높이는 이유는 성품과 인격이 사람들에게 신뢰의 기반을 제공하기 때문입니다. 사람들은 본능적으로 상대방의 성품을 통해 그 사람이 믿을 만한 사람인지 판단하게 됩니다.

특히 성품이 올바르고 진실하다고 여겨지는 사람은 언제나 같은 기준과 원칙에 따라 행동할 것이라는 신뢰를 줍니다. '이 사람이 신뢰할 만한 성격을 가졌다면 지금뿐 아니라 앞으로도 우리를 배신하지 않을 것'이라는 심리를 통해 신뢰도가 높아진다는 말이 됩니다.

심리학에는 사람들은 자신이 믿는 사람의 말과 행동을 일관되게 수용하고 싶어 한다는 이론이 있습니다. 따라서 성품이 좋다고 인식되는 사람의 의견이나 말은, 그의 어떠한 면모가 믿을 만하니 다른 면에서도 믿을 수 있다는 인식을 만듭니다.

신뢰를 잘 쌓으면 수많은 가능성이 열린다

한편, 아리스토텔레스는 에토스를 구성하는 세 가지 요소도 말했습니다. 현명함wisdom, 미덕virtue, 그리고 선의goodwill 입니다. 이는 각각 어떻게 우리가 신뢰를 쌓을 수 있을지 알려 줍니다.

첫 번째 요소인 현명함은 올바른 판단과 상황을 파악하는 능력으로, 상대방에게 신뢰를 줄 수 있는 중요한 요소입니다. 현명하게 행동하고 판단하면 다른 사람들은 우리의 말과 행동이 깊이 있는 사고와 신중한 결정을 바탕으로 이루어졌다고 느낍니다. 이를 통해 상대방에게 진정성을 전달할 수 있으며, 그로 인해 신뢰가 형성됩니다.

현명한 행동이 진정성을 전달할 수 있는 이유는 그것이 단순히 지식을 보여 주는 것을 넘어 깊은 이해와 배려를 바탕으로 한 판단임을 드러내기 때문입니다. 현명함은 상황에 대한 표면적인 판단이 아니라 실제 상황에서의 현실적인 통찰력과 적절한 행동을 포함합니다.

예를 들어, 상대방의 입장에서 충분히 생각해 보고 그에 맞는 조언이나 해결책을 제시할 수 있는 사람은 진정성 있게 다가옵니다. 이는 정답을 말하는 것에 그치지 않고, 상대방의 상황을 깊이 이해하고 도움을 주려는 마음이 담겨 있기 때문입니다.

이러한 현명함은 자신이 무언가를 잘 알고 있다는 것을 과시하거나 지식으로 상대방을 압도하려는 것이 아니라, 진심으로 상대의 이익을 생각하는 태도를 통해 신뢰감을 줍니다. 결과적으로 상대방은 자신이 단순한 조언의 대상이 아닌 존중받는 존재로 여겨진다고 느끼게 되며, 그로 인해 자연스럽게 신뢰와 진정성이 전달됩니다.

진정성은 현명한 판단을 통해 상대의 상황에 대한 진심 어린 이해와 공감을 표현할 때 더욱 깊이 전해지는 것입니다.

두 번째 요소인 미덕은 우리의 성품과 도덕적 기준을 나타내며, 신뢰를 쌓는 핵심입니다. 사람들은 도덕적이고 바른 성품을 가진 사람을 신뢰하기 마련입니다. 사람들이 이런 사람을 신뢰하는 이유는 도덕적 성품이 예측 가능함과 동시에 안정감을 제공하기 때문입니다. 도덕적 성품은 정직, 공정성, 배려와 같은 행동 원칙을 따르고, 이러한 원칙들은 상대방에게 일관된 행동을 기대하게 합니다.

예를 들어, 정직한 사람은 상황에 따라 말을 바꾸거나 사실을 왜곡하지 않기 때문에 타인은 그 사람을 믿고 의지할 수 있다고 느낍니다. 또한 도덕적 성품을 가진 사람은 공정하게 행동하려는 마음이 있기에 개인적인 이익을 위해 타인을 이용하지 않으며, 갈등 상황에서도 합리적이고 바람직한 해결책을 찾으려는 경향이 강합니다.

심리학자이자 미국 예일 대학교 심리학 교수인 데이비드 랜드David Rand 의 연구에 따르면 사람들은 상대방이 도덕적 기준을 잘 지키는 성품일수록 더 높은 수준의 신뢰를 부여하는 경향이 있다는 점이 입증되었습니다. 특히, 타인의 이익을 존중하고 배

려하는 행동이 반복될 때 사람들은 그를 더욱 신뢰하게 된다고
밝혔습니다.

　이외에도 심리학 연구에서는 사람들이 타인의 도덕적 특성을
파악한 뒤에 신뢰할지 여부를 결정하는 경향이 있다는 점을 강조
합니다. 도덕적 성품이 높은 사람은 관계에서 신뢰를 배신할 가
능성이 적다는 점이 관찰되었고, 이런 도덕적 성품이 상대방에게
전달되면 마음의 방어를 내려놓고 보다 깊은 신뢰를 쌓을 수 있
게 된다는 것입니다.

　이처럼 도덕적 성품은 타인에게 의도를 전달할 때 긍정적인 인
상을 남기며, 지속적인 신뢰 관계를 유지하는 데 결정적인 요소
로 작용합니다. 미덕은 단지 말로만 주장하는 것이 아니라 행동
으로 증명되는 것이 중요합니다. 그래서 성품을 드러내는 행동이
우리에게 도덕적 신뢰를 쌓게 해 주는 것입니다.

　마지막 요소인 선의는 상대방의 이익과 행복을 진심으로 바라
는 마음을 뜻합니다. 선의를 가진 사람은 자신의 이익보다 타인
의 행복과 안녕을 우선시하기에, 이로 인해 깊은 신뢰를 형성하
게 됩니다.

　선의는 상대방에게 '이 사람이 나를 진심으로 아끼고 배려한다'
라는 느낌을 주기 때문에 관계에서 매우 중요한 역할을 합니다.
또한, 내가 먼저 남을 믿어야 남도 나를 신뢰하기 때문에 중요하

기도 합니다. 먼저 상대에게 진심으로 관심을 가지고 그들의 이익과 행복을 배려할 때, 상대방도 나의 진정성을 느끼고 믿게 됩니다.

선의를 통해 형성된 신뢰는 단순한 이해관계를 넘어서는 진정한 관계로 발전하며, 어려운 상황에서도 서로를 지지하고 협력할 기반을 제공합니다. 이처럼 서로의 진심과 배려가 통할 때 신뢰는 더욱 단단해집니다.

이상의 에토스를 구성하는 세 가지 요소는 우리가 신뢰를 어떻게 쌓고 유지할 수 있는지에 대한 중요한 힌트를 제공합니다. 오늘날의 사회에서도 아리스토텔레스가 말한 신뢰의 원칙은 여전히 유효합니다. 직장에서든, 친구 관계에서든, 가족 간에서든 우리가 살아온 방식과 타인에게 보여 주는 태도가 신뢰를 결정짓습니다.

결론적으로 '내가 누구인가'가 나의 신뢰도를 결정합니다. 충분한 신뢰를 쌓게 되면 인생을 더 잘 살아가는 귀중한 자산을 얻게 됩니다. 신뢰가 인생의 큰 자산이 되는 이유는 사람들과의 관계에서 안정적이고 지속적인 유대감을 형성해 주기 때문입니다. 신뢰를 쌓은 사람은 주변으로부터 믿음을 얻고, 이를 통해 관계에서 발생하는 갈등이나 오해를 줄일 수 있겠죠.

또한, 신뢰는 어려운 상황에서도 서로를 지지하고 협력하게 하

는 중요한 기반이 됩니다. 친구나 동료와의 사이에 신뢰가 깊게
쌓여 있다면 일상적인 문제든 중요한 결정을 내릴 때든 그들의
도움과 지지를 쉽게 얻을 수 있습니다. 이렇게 신뢰가 쌓인 관계
는 단순한 인간관계를 넘어 삶에서 중요한 기회와 조언, 지지의
원천이 되어 줍니다.

　신뢰는 개인의 평판을 높이고 더 많은 가능성을 열어주는 자산
으로 작용합니다. 신뢰받는 사람으로 인정받게 되면 자연스럽게
더 많은 사람과 연결될 기회가 생기고, 사회적 관계망이 넓어지
며, 다양한 기회가 찾아옵니다. 직업적인 측면에서도 신뢰는 큰
자산이 됩니다. 신뢰할 수 있는 사람에게 더 많은 책임감 있는 역
할이 주어지고 그만큼 성장하여 삶의 만족도를 높일 기회가 늘어
나게 될 것입니다. 이것이 궁극적인 행복으로 가는 방법이 아닐
지요?

- 신뢰는 타인을 설득하여서 자신의 이야기를 믿도록 만드는 능력
  이다.
- 신뢰를 구축하는 세 가지 핵심 요소는 성품과 도덕성을 바탕으
  로 신뢰를 형성하는 에토스, 감정에 호소하며 공감을 통해 신뢰
  를 강화하는 파토스, 논리적이고 체계적인 근거로 신뢰를 확보
  하는 로고스이다.

· 아리스토텔레스는 에토스가 신뢰를 쌓는 데 가장 중요한 요소라
　고 강조하였다.

· 신뢰는 단기적인 설득이 아니라, 일관성과 도덕적 행동을 통해
　장기적으로 구축된다.

말하는 사람의 성품은

사람들에게 신뢰를 주는 가장 강력한 수단이다.

말하는 사람의 성품은

사람들에게 신뢰를 주는 가장 강력한 수단이다.

나만의 색으로
덧칠해라

모방과 창조

───────◇───────

예술은 본질적으로 모방이며,
이는 인간의 타고난 성향에 뿌리를 둔다.

《시학》

   고대 그리스 아테네에서는 매년 따뜻한 봄이 찾아오는 3~4월
이면 큰 축제가 열렸습니다. 술과 다산, 그리고 연극의 신 디오니
소스를 기리는 축제입니다. 축제의 시작은 디오니소스를 기리는
성대한 행렬로 시작합니다. 또한, 축제 기간 동안 다양한 의식과
제사, 가무와 놀이가 펼쳐졌습니다.

   디오니소스 축제의 하이라이트는 비극 공연이었습니다. 매년
이 축제 가운데 약 3일간 유명 작가들의 비극 경연이 열렸습니
다. 국가가 직접 세 명의 비극 작가를 선발하고, 작가들은 비극

세 편과 희극 한 편을 제출했습니다. 아테네 시민들은 이 작품을 3일 동안 계속 감상하며 즐기고, 마지막 날에는 우승자를 뽑았습니다. 《오이디푸스》와 《안티고네》로 유명한 소포클레스는 이 경연에서 무려 열여덟 번이나 우승을 차지했습니다.

디오니소스 축제는 단순한 종교 행사를 넘어 아테네 시민들이 모여 공동체 의식을 느끼고 사회 문제를 함께 고민하는 기회였습니다. 아테네에서는 시민들이 폴리스(도시 국가)의 구성원으로서 책임감을 느끼고 공동체에 대해 고민할 수 있도록 비극을 활용했습니다.

고대 그리스의 비극은 인간의 삶과 신들의 관계, 도덕적 딜레마, 인간의 운명, 정의와 법, 전쟁의 참혹함 등을 주제로 다루었습니다. 예를 들어, 《오이디푸스》는 인간의 운명과 숙명적인 고통을 다루고 있으며, 에우리피데스의 《메데이아》는 인간의 복수심과 감정의 폭발을 주제로 삼고 있습니다. 아테네는 이러한 비극 공연을 통해 시민들을 교육하고자 했던 것입니다.

이 공연을 볼 수 있는 디오니소스 극장은 약 15,000명을 수용할 수 있었고, 정말 많은 사람이 이 축제의 공연을 보기 위해 휴가를 내고 관람했습니다. 인기 있는 드라마가 나오면 한동안 많은 사람이 그 이야기를 하는 것처럼, 아테네 사람들도 디오니소스 축제 때 상연上演되는 비극과 희극을 즐겼습니다.

이러한 공연 예술과 문학에 대해서는 다양한 철학자들의 논쟁이 있었습니다. 바로 이것이 과연 우리에게 도움이 되는지에 대한 질문이었지요. 지금 현대 시대에도 드라마나 영화, 소설을 보는 것이 인생에 실질적으로 도움이 되는지 고민해 보는 것과 비슷합니다.

예술을 향한 철학자의 두 가지 시선

이야기가 담긴 문학이나 공연, 영상 예술은 사람을 끌어당기는 힘이 있습니다. 사람들은 주인공이 역경을 이겨 내고 성장하는 이야기를 통해 공감하거나, 부자들이나 영웅들을 보면서 동경을 품기도 합니다.

하지만 이러한 예술에 너무 많은 시간을 빼앗길 때가 있습니다. 가끔 "맨날 드라마나 영화를 보고, 소설이나 읽는 게 진짜 내 인생에 도움이 될까?" 하는 의문이 들 때가 있습니다. 이런 것들을 본다고 해서 돈이 생기는 것도 아니고, 현실적인 도움이 되는 정보를 주는 것 같지도 않으니까요.

예술이 사람들에게 도움이 되는지에 대하여 그리스 철학자 플라톤과 아리스토텔레스는 서로 다른 의견을 가지고 있었습니다. 먼저, 플라톤은 예술에 부정적인 입장을 취했습니다.

"우리는 예술가들이 우리나라에 들어오는 것을 허락하지 않을 것
입니다. 왜냐하면 그들은 영혼의 이성적인 부분을 파괴하고 나쁜
국가를 만들어 내기 때문입니다."

플라톤, 《국가》 10권

플라톤은 예술을 '모방의 모방'이라고 설명했습니다. 간단히 말
해, 예술은 진리나 세상의 본질을 흉내 낸 것의 또 다른 모방일 뿐
이라는 것입니다. 플라톤은 이 세상의 모든 것이 이데아라고 부르
는 완벽한 세계의 그림자에 불과하다고 주장했던 것(본문 184쪽 참
고)을 기억하시나요? 이에 따르면 예술은 현실을 모방한 것이니,
결국 진리로부터 두 단계나 떨어진 모방이라는 겁니다.

예를 들어, 화가가 의자를 그린다면 그 의자는 이미 '의자라는
이데아'를 모방한 물체입니다. 그리고 화가는 그 물체를 다시 그림
으로 표현하죠. 그래서 플라톤은 이 그림이 진리로부터 두 단계나
떨어진 모방이라고 본 것입니다. 그는 예술이 진리를 심각하게 왜
곡한다고 생각했으며, 예술을 통해 얻는 정보는 단지 겉모습에 불
과하다고 주장했습니다.

플라톤의 모방 개념은 현대의 드라마나 영화로도 생각해 볼 수
있습니다. 많은 드라마나 영화는 현실의 한 부분만을 모방한 것에
불과합니다. 특정 삶의 모습이나 문제를 강조하면 그것만이 전부
인 것처럼 보일 수 있죠. 예를 들어, 청춘 드라마에서는 모든 젊은

이가 화려한 삶을 사는 것처럼 그려질 수 있지만, 실제로는 다양한 삶이 존재하는 것과 같습니다. 플라톤은 현실의 겉모습만을 모방하기 때문에 진짜 현실과는 다른 왜곡된 인식을 가질 수 있다고 본 것입니다.

또한, 플라톤은 예술이 감정을 자극한다고 했는데, 슬픈 드라마나 감정적인 영화가 그 좋은 예입니다. 감동적인 장면이나 슬픈 이야기는 사람들의 감정을 크게 자극하죠. 이를 통해 관객은 눈물을 흘리거나 깊은 감정에 빠지게 됩니다. 플라톤은 이러한 감정의 자극이 이성적인 판단을 흐리게 한다고 우려했습니다. 플라톤은 기본적으로 감정을 위험하고 부정적이라고 보았고, 인간은 이성만을 추구해야 한다고 생각했기 때문에 예술은 추방해야 한다고 주장했습니다.

물론 플라톤이 모든 예술을 부정하거나 무조건 나쁘다고 한 것은 아닙니다. 도덕적 교훈이나 이상적인 가치를 담은 예술은 허용될 수 있다고 보았는데, 어린이들에게 정직과 용기를 가르치는 이야기나 공동체의 중요한 가치를 담은 노래 같은 것들에는 긍정적인 입장을 보였습니다. 그러나 그 외의 예술은 대부분 부정적이라 여겼습니다.

그러나 그의 제자 아리스토텔레스는 이 견해에 절반만 동의했습니다. 아리스토텔레스 역시 예술이 모방이라고 생각했습니다.

하지만 이 모방이 부정적이기만 하다는 생각에는 동의하지 않았습니다. 아리스토텔레스는 예술이 단순히 현실을 흉내 내는 데 그치지 않고 사람들에게 더 깊은 깨달음과 진리를 전달할 수 있는 창조적이고 긍정적인 역할을 한다고 보았습니다. 이러한 모방이 부정적인 것이 아니라, 긍정적인 부분들이 많다고 생각했죠.

우선 아리스토텔레스는 플라톤과 다르게 예술이 인간의 본질을 드러내는 창조적인 행동이라고 생각했습니다. 단순히 현실을 흉내 내는 게 아니라 사람들에게 더 큰 깨달음과 진리를 전달할 수 있는 수단이라고 믿었기 때문입니다.

그는 예술이 현실을 왜곡하거나 있는 그대로 묘사하는 것만으로 끝나지 않고, 인생에 대한 깊은 뿌리와 누구나 공감할 수 있는 부분을 포착해서 구현해 낸다고 생각했어요. 삶의 본질과 인간의 보편적 감정을 드러내는 힘을 가졌다는 것이죠. 이 과정에서 예술가는 자신의 해석과 상상력을 통해 원본을 넘어서는 진리를 표현하게 됩니다. 즉, 예술이 현실을 재구성합니다.

영화 〈기생충〉은 현실을 모방하지만, 여기에는 인간 본성에 대한 진리가 담겨 있습니다. 〈기생충〉의 이야기는 현실 세계의, 그러니까 가난한 집안과 부유한 집안의 삶을 보여 줍니다. 이 시대의 빈부격차를 극명하게 드러내는 방향으로 모방한 것이죠.

부유한 가족의 고급 저택과 가난한 기택 가족의 지하 반지하 집이 대비됩니다. 그리고 비가 내리는 날씨가 이들 삶에 얼마나 다른 영향을 미치는지 보여 줍니다. 폭우가 내리면 부유한 가족은 낭만적인 하루를 보내지만, 가난한 기택 가족은 집이 물에 잠겨 재난에 처하게 됩니다.

기택이 박 사장의 무의식적인 멸시를 듣고 분노가 폭발하는 장면은 경제적 차이뿐 아니라 부유층의 무심한 특권 의식과 가난한 사람들에 대한 무시가 어떻게 갈등을 초래하는지를 보여 줍니다. 이러한 장면들은 단순히 사회적 격차만을 다루는 것이 아니라, 심리적 거리와 불평등의 깊은 뿌리를 상징적으로 드러내며 관객들에게 공감을 불러일으키죠.

아리스토텔레스가 말했듯, 이 영화는 단순히 현실을 묘사하는 데에만 그치지는 않습니다. 영화를 통해 사회의 불평등 구조와 그로 인한 갈등의 본질을 드러내고 있습니다. 그래서 영화를 보는 관객이 문제의 핵심을 더 깊이 이해할 수 있게 되는 것이죠. 이러한 모방은 현실을 초월해 창조적으로 재구성했기에 관객들이 사회 문제에 대한 인식을 넓히고 본질에 다가서게 하는 역할을 하는 겁니다.

모방의 재발견

사실 모방은 사람들에게 정서적으로 긍정적인 영향을 줄 수 있습니다. 무엇보다 모방은 재미있습니다. 아리스토텔레스는 "사람들은 모방을 통해 즐거움을 느끼고, 모방된 것을 보면서 또한 즐거움을 느낀다"라고 말했습니다. 왜냐하면 인간의 본성이 모방에 재미를 느끼도록 설계되어 있기 때문입니다.

모방은 부정적인 감정을 해소하는 데에도 도움이 됩니다. 아리스토텔레스는 '카타르시스 catharsis'라는 개념을 통해 비극이 연민과 공포의 감정을 불러일으키며, 관객의 감정을 해소하고 정신적으로 정화된다고 보았습니다. 관객은 공연이라는 안전한 환경 속에서 억눌린 감정을 표출하고 해소한다는 겁니다.

현대 심리학에도 사람들이 과거의 갈등 상황을 재현하고 감정을 표현하게 하는 '역할극 치료'라는 것이 있습니다. 이를 통해 마음속 깊이 쌓아 둔 감정을 바라보고 표출하도록 돕고 해방감을 제공합니다. 역할극에서는 자신이 아닌 인물을 연기하거나 상황을 재구성함으로써 감정을 객관적으로 볼 수 있게 돕습니다. 그렇게 되면 감정의 무게는 덜어지고 자신을 보다 관찰하는 태도를 갖게 되죠. 이를 통해 감정적 거리감을 갖게 되고, 이것이 곧 감정의 해소를 돕습니다.

아리스토텔레스는 인간이 모방을 통해 배우고 성장한다고 강조했습니다. 인간은 어린 시절부터 주변 사람들의 행동과 표현을 모방하면서 삶의 기본적인 것들을 습득해 나갑니다. 이는 단순히 행동을 따라 하는 것을 넘어, 타인의 경험을 간접적으로 이해하

고 이를 바탕으로 자신의 삶에 적용할 수 있는 통찰을 얻어가는
과정입니다.

현대 사회에서도 모방은 효과적인 학습과 성장의 중요한 전략
으로 자리 잡고 있습니다. 우리는 모방을 통해 시간과 자원을 절
약하고, 기존의 경험을 바탕으로 더 나은 결과를 만들어 냅니다.
특히 비즈니스와 창업 분야에서 모방은 정말 중요한 전략입니다.

오늘날 많은 사업가가 성공적인 모델을 연구하여 자신의 상황
에 맞게 재구성하는 '벤치마킹'을 활용합니다. 벤치마킹은 단순히
기존의 성공 방식을 그대로 따라 하는 것이 아니라, 효과가 검증
된 전략을 자신의 상황에 맞게 개선하는 과정입니다. 예를 들어,
성공적인 브랜드 전략이나 고객 서비스 방식을 벤치마킹하면 사
업 초기에 시행착오를 줄이고 효율적인 운영을 가능하게 합니다.

이 벤치마킹은 개인의 삶에 적용해도 긍정적인 변화를 이끄는
유용한 전략이 될 수 있습니다. 자기계발이나 일상적인 생활 습
관에서부터 좋은 본보기를 따라 하거나, 타인의 생산성 향상 방
법을 배우는 것은 우리 삶의 질을 높이는 데 도움이 됩니다. 이러
한 모방은 단순히 외적인 행동을 흉내 내는 것이 아니라, 그들의
가치관과 행동의 본질을 이해하여 스스로 성장할 수 있는 계기가
됩니다.

아리스토텔레스의 모방론은 단순한 모방에서 그치지 않습니

다. 그는 모방을 통해 각자 독창성을 발휘할 수 있다고 보았습니다. 타인의 경험을 모방하여 배운 것을 바탕으로, 자신의 상황과 개성에 맞는 새로운 방식을 창조하는 것이죠.

다만, 모방은 시작점일 뿐이고 최종 목표는 자신만의 색을 더해 독창적인 무언가를 만들어 가는 것입니다. 인생은 누구에게나 다르게 펼쳐집니다. 따라서 모방은 단순한 따라 하기가 아니라 타인의 경험을 자신에게 맞게 변형하고 발전시키는 창조적인 활동이 되어야 하며, 우리 인생에서 꼭 알아두어야 할 중요한 배움의 과정입니다.

- 아리스토텔레스는 예술은 본질적으로 모방이며, 이는 인간의 타고난 성향에 뿌리를 둔다고 말했다.
- 인간은 모방을 통해 배우고 성장하며, 이는 학습과 창조의 핵심 전략이다.
- 예술은 현실을 초월한 창조적 재구성으로, 더 깊은 진리와 깨달음을 전달한다.
- 예술은 인간의 본질을 드러내고 공감을 이끌어 내며, 정서를 긍정적으로 해소할 수 있다.

그 무엇에도
휘둘리지 않을 때 오는 것

자유인

───◇───

정치 공동체에서 자유인은 서로의 이익을 위해 존재하며,
이는 그들의 목적이 공동선을 향하는 데 있다.

《정치학》

1994년, 한 인터넷 서점이 창립되었습니다. 바로 제프 베이조스가 창립한 '아마존'입니다. 베이조스는 미래의 인터넷 시장이 폭발적으로 성장할 것이라고 믿었고, 그 가운데 서적이 가장 적합한 초기 상품이라고 판단했습니다. 이후 그는 세계에서 가장 크고 길며 풍부한 자원을 가진 강인 아마존강에서 영감을 받아 이 서점의 이름을 지었습니다.

베이조스는 '고객이 원하는 것은 낮은 가격, 편리함, 선택의 폭'이라는 신념 아래 아마존을 단순한 서점에서 시작해 '모든 것을

판매하는 플랫폼'으로 발전시켜 수백만 가지 상품을 판매하는 글로벌 플랫폼으로 성장했습니다. 오늘날 아마존은 단순한 쇼핑몰을 넘어 클라우드 서비스, 물류 혁신, 인공지능 스피커 등을 통해 기술 발전과 소비자 경험을 결합하며 우리의 일상을 바꾸고 있습니다.

아마존뿐만 아니라 애플, 구글 등 빅테크 기업들을 필두로 개발된 기술들은 우리의 삶을 더욱 편리하게 만들었습니다. 로봇 청소기는 집안일을 대신해 주고, 세탁기는 과거 손으로 빨아야 했던 노동을 대체했으며, 스마트폰 앱 하나로 은행 업무, 교통 예약, 심지어 의료 상담까지 가능합니다. 이제 우리는 직접 움직이는 대신 클릭과 터치만으로 거의 모든 것을 해결할 수 있게 되었습니다.

이러한 기술의 발전을 바탕으로 보면 현대 사회의 사람들은 자유롭게 살고 있는 듯합니다. 생활은 편리하고, 선택지는 다양합니다. 필요한 물건뿐만 아니라 단순히 원하기만 해도 가질 수 있는 수많은 상품과 서비스를 손쉽게 접할 수 있는 시대를 살고 있죠. 마트의 선반에는 같은 종류의 물건이 수십 가지씩 진열되어 있고, 클릭 몇 번만으로 원하는 물건이 집 앞에 도착하기도 합니다. 이러한 선택지의 풍요로움은 '무엇이든 원하는 대로 고를 수 있다'라는 자유와 편리함을 선사합니다.

또한, 현대 사회에서 사람들은 단순히 물건을 선택하는 데 그치지 않고, 자신만의 삶의 방향과 방식을 스스로 결정할 수 있다고 믿습니다. 이는 '라이프 스타일'이라는 개념을 통해 자유를 느끼는 방식으로 드러납니다. 다시 말해, 자신이 선택한 제품과 서비스를 통해 특정한 이미지를 형성하고, 이를 통해 자신의 삶을 설계한다고 생각하는 것입니다.

하지만 우리는 진짜로 자유롭게 살아가고 있는 걸까요?

진짜 자유로운 사람이 지닌 세 가지 요건

어쩌면 우리의 선택은 타인의 욕망과 이익에 의해 설계된 환경 속에서 이루어지고 있을지 모릅니다. 스마트폰에서 스크롤을 내리며 보게 되는 광고, SNS에서 유행처럼 번지는 성공한 삶의 이미지, 심지어 우리가 자주 사용하는 앱들이 제공하는 맞춤형 추천들은 우리의 욕망을 타인의 필요에 맞춰 조작하는 데 일조하고 있습니다. 스스로 선택하고 있다고 느끼지만, 실상은 누군가가 설계한 구조 안에서 행동하고 있는 것이죠.

그렇다면 진짜 자유라는 건 무엇을 말하는 걸까요? 이에 대해 아리스토텔레스는 '자유인'과 '노예'라는 개념을 통해서 진짜 자유란 무엇인지를 우리에게 알려 줍니다. 아리스토텔레스는 자유를 세 가지 관점으로 설명하고 있는데, 첫째로 자유인이란 '스스로 목적을 설정하는 사람'이라고 말합니다.

"노예는 주인의 목적을 실현하기 위한 도구에 불과하지만, 자유 인은 자기 자신을 위해 존재한다."

《정치학》

여기서 자유란 다른 사람이나 외부에서 부여한 목적이 아니라 내가 스스로 설정한 가치를 추구하는 데 있다는 것입니다. 현대 사회에서 사람들은 흔히 외부로부터 부여된 목적, 그러니까 타인 의 기대나 사회적 기준에 따라 살아가곤 합니다. 이로 인해 자신 이 추구하는 것이 자신의 내면에서 비롯된 욕망인지, 아니면 타인 의 기대에 의한 것인지 구별하지 못한 채 행동하기도 합니다.

SNS나 유튜브를 보면 완벽한 삶이나 성공한 인생이 가득 느껴 지는 콘텐츠들을 쉽게 볼 수 있습니다. 화려한 여행지, 높은 연봉 의 직업, 고급 자동차, 명품 등의 모습들이죠. 이런 콘텐츠는 자연 스럽게 우리에게 영향을 줍니다. 마치 이게 인생의 목표여야 하 며, 우리가 추구해야 하는 삶이라고 강조하는 듯합니다.

이 외에도 결혼 상대의 조건, 직업, 대학교 선택에 이르기까지 사회적으로 당연하게 여겨지는 기준들도 존재합니다. 이러한 목 표들과 삶의 기준들은 겉보기에 우리가 선택한 목표처럼 보입니다. 하지만 잘 생각해 보면 대부분 타인의 기대와 사회의 영향에서 비롯된 경우가 많습니다. 예를 들어, 많은 팔로워를 얻기 위해 그저 유행하는 무언가만 따르거나, '좋아요'를 얻기 위한 보여 주기식 행동들이 여기에 해당합니다.

아리스토텔레스의 관점에서 이러한 목표는 진정한 자유와 거리가 멉니다. 자유로운 사람이란 스스로 자신의 목적을 설정하고 이를 실현하기 위해 주체적으로 노력하는 사람입니다. 반면에 SNS나 유튜브에서 보이는 목표는 외부에서 주어진 것으로, 자신의 내면에서 비롯된 진정한 목적이라기보다 타인의 인정을 얻기 위한 행동들이기 때문입니다.

이는 노예와 비교해 보면 더욱 명확해집니다. 노예는 타인의 필요를 충족시키기 위해 존재하며, 스스로 무엇을 원하고 어떤 삶을 살고 싶은지 고민하지 않습니다. 현대 사회에서 '노예의 삶'은 물리적 억압만을 의미하지 않습니다. 외부의 압력과 사회적 트렌드에 따라 목표를 설정하고 이를 실현하려는 상태는 아리스토텔레스 관점으로 보면 넓은 의미에서 노예 상태라고 볼 수 있게 되는 것이죠.

사회심리학이라는 새로운 분야를 개척한 독일 출신의 정신분석학자이자 철학자인 에리히 프롬 Erich Fromm 은 '자동적 동조 automaton conformity'라는 개념을 통해 아리스토텔레스의 자유에 대한 관점과 유사한 주장을 제시했습니다. 그는 사람들이 사회에서 정해진 기준이나 유행을 무의식적으로 따르는 현상을 지적하며, 이를 '진정한 자유를 잃어버리는 상태'라고 보았습니다.

자동적 동조란 자신이 진정으로 원하는 것을 고민하지 않은 채 단순히 "다들 이렇게 하니까 나도 이렇게 해야 한다"라는 태도로 살아가는 것을 의미합니다. 사회적 기준에 맞추기 위한 이 선택을 자신의 자유로운 선택으로 착각하지만, 사실은 외부의 영향에 의해 조종되고 있는 것입니다.

유행하는 여행지에서 사진을 찍어 SNS에 올리고 그 반응에서 만족감을 느끼는 행동 등을 한 가지 예시로 볼 수 있습니다. 겉으로는 자신이 주체적으로 선택한 것처럼 보이지만, 이러한 행동이 정말로 내면에서 우러나온 선택인지, 아니면 사회가 만들어 낸 기준에 맞춘 것인지 고민해 보면 진정한 자유와의 거리를 알 수 있습니다.

프롬은 이러한 행동이 자신의 욕망을 외부 기준에 맞추는 데 그치며, '사회적 틀 안에서 조종되는 삶'을 살게 한다고 주장했습니다. 진정한 자유란 외부의 영향에서 벗어나야 합니다. 온전히 나만의 선택 그리고 스스로 세운 목적들이 나를 자유롭게 만들어 줍니다.

둘째, 아리스토텔레스는 자유인을 '단순히 외부로부터의 억압이 없는 상태를 넘어, 이성을 통해 스스로 판단하고 결정하며 실천하는 능력에 있다'라고 보았습니다. 자유인은 자신의 이성을 사용해 무엇이 옳은지 숙고하고, 이를 바탕으로 삶의 방향을 결정합니다.

예를 들어, 건강을 위해 무엇을 먹어야 할지 고민할 때 전문가나 권위자로 불리는 사람들의 의견에 지나치게 의존하는 경향이 있어서 스스로 정보를 검토하거나 판단하기보다 유명한 건강 전문가가 추천한 제품이나 다이어트 방식을 그대로 따르곤 합니다.

이 과정에서 우리는 자신의 필요와 상황을 고려하기보다는 "전문가가 말했으니 틀림없다"라고 믿고, 비판적 사고 없이 결정을 내리게 됩니다. 이는 우리의 판단력을 약화하고 자유로운 선택을 방해합니다.

이는 아리스토텔레스가 강조한 자유인의 모습과는 반대되는 행위입니다. 물론 전문가의 조언은 좋은 결정을 내리는 데 필요합니다. 하지만 이들의 의견은 하나의 참고 사항일 뿐이고, 결국 인생에서 일어나는 선택은 자신이 직접 내려야만 합니다. 사람에게는 충분히 상황을 파악하고, 검토하고, 분석할 수 있는 이성이 있습니다. 지나치게 남의 의견에 의지하기보다 나에게 주어진 '생각하는 능력'을 최대한 활용해야 합니다.

《실천이성비판》과 '정언 명령'으로 유명한, 근대 철학의 기반을 마련한 독일 출신의 철학자이자 사상가인 임마누엘 칸트Immanuel Kant도 이성과 자유의 관계를 강조합니다. 그는 "자유란 자율적인 이성에 의해 결정된 법칙을 따르는 것"이라고 말했습니다.

칸트가 봤을 때 진짜 자유란 하고 싶은 대로 마음대로 하는 게 아닙니다. 스스로 옳다고 생각한 규칙을 따라 행동하는 것이 바로 자유라고 말하고 있습니다. 친구와 약속을 했을 때 그냥 집에 있고 싶은 마음이 들어도 약속을 지키는 게 더 옳다고 판단해서 지킨다면 진짜 자유로운 행동이라고 볼 수 있습니다. 스스로 생각하고 옳은 행동을 결정했기 때문입니다.

또, 다른 사람의 명령이나 욕심에 따라 행동하는 것은 자유가 아니라고 강조합니다. 만약 친구가 "이걸 같이 훔치자!"라고 했을 때 그 말에 그대로 따라가는 것은 자유가 아닙니다. 자유로운 사람은 "그건 옳지 않다"라고 스스로 판단하고 옳은 행동을 선택할 수 있어야 한다고 보았습니다. 결국, 칸트가 말한 자유란 내가 옳다고 생각한 것을 스스로 선택하고 행동하는 것입니다. 단순히 하고 싶은 것을 하는 것보다 훨씬 더 중요한 자유라고 할 수 있습니다.

따라서 자유로운 삶을 위해서는 외부 권위의 의견을 참고하되, 이를 무조건 받아들이지 않고 비판적 사고와 이성적으로 충분히 생각하는 과정을 통해 결정하는 태도가 필요합니다. 건강, 재정, 교육 등 삶의 다양한 영역에서 전문가의 조언을 들을 수는 있지만, 최종적으로 그 결정이 자신의 가치와 필요에 부합하는지 판단해야 합니다. 아리스토텔레스가 말한 진정한 자유란 바로 이러한 주체적 판단과 실천과도 연결되어 있습니다.

셋째, 아리스토텔레스는 자유인은 '단순히 개인적 이익을 추구하는 데 그치지 않고, 공동체의 선을 위해 행동한다'라고 보았습니다. 자유는 단순히 나 자신만을 위한 것이 아니라 공동체를 위해 기여하려는 노력과도 깊이 연결됩니다.

"정치 공동체에서 자유인은 서로의 이익을 위해 존재하며, 이는 그들의 목적이 공동선을 향하는 데 있다."

《정치학》

자유인은 자기 이익만을 생각하지 않고, 자신의 행동이 공동체에 어떤 영향을 미칠지 고민하며, 공동체를 위한 기여를 실천하는 사람입니다. 물론 현대 사회에는 개인주의가 점차 강해지면서 많은 사람이 개인적 성공과 이익을 목표로 삼는 경향이 있습니다. 하지만 반대로, 공동체를 위해 기여하는 사례도 여전히 존재합니다.

예를 들어, 이웃의 아이들을 위해 방과 후 학습을 돕거나 거동이 불편한 어르신을 대신해 장을 봐 드리는 행동은 단순히 개인적 만족을 넘어서 공동체를 위한 노력이라고 볼 수 있습니다. 직장에서 동료의 어려움을 듣고 함께 문제를 해결하려는 행동 역시 같은 맥락입니다.

이러한 행동들은 단순히 의무감에서 비롯된 것이 아닙니다. 자신의 행동이 다른 사람의 삶을 풍요롭게 하고, 그로 인해 공동체가 함께 성장한다는 점을 이해한 데서 나온 자유인의 모습이라 할 수 있습니다.

공리주의와 자유론으로 유명한 영국의 철학자 존 스튜어트 밀John Stuart Mill 은 그의 이론에서 자유의 본질에 대해 이야기합니다. 그는 "진정한 자유란 나 혼자만의 이익을 위한 것이 아니라, 다른 사람들과 함께 조화를 이룰 때 가장 빛난다"라고 말합니다.

내가 밤늦게 큰 소리로 음악을 틀고 싶다는 욕망이 있다 하더라도, 이로 인해 옆집 사람들이 불편을 겪는다면 이는 자유가 아닙니다. 밀은 나의 자유가 타인의 자유를 침해하지 않는 범위에서 실현되어야 하며, 자유란 서로의 권리를 존중하며 조화를 이루는 것이라고 강조했습니다. 자유는 내 것만이 아니라, 우리 모두의 것이고 서로를 존중하며 함께 도울 때 더 빛나는 법입니다.

이러한 밀의 관점은 아리스토텔레스의 자유 개념과도 맞닿아 있습니다. 아리스토텔레스 역시 자유를 단순히 개인적인 선택에만 국한하지 않고, 공동체에 기여하며 삶의 가치를 발견하는 과정으로 보았습니다. 자유인은 자신의 이익만을 추구하지 않으며, 삶을 통해 공동체의 선을 실현하는 데서 진정한 행복을 찾습니다. 현대 사회에서도 자유를 실천하려면 개인적인 성공과 이익에만 집중하기보다는 공동체와의 연결을 중요시해야 합니다.

공동체에 기여한다는 것이 자기희생을 뜻하는 것은 아닙니다. 우리는 누군가를 위해 좋은 일을 할 때 그 행동에서 깊은 보람과 행복을 느낍니다. 이 과정에서 얻는 만족감은 단순히 물질적 보상이나 성공보다 더 크고 오래가는 행복을 제공합니다.

왜 이런 만족감을 느낄까요? 이는 인간이 본능적으로 다른 사람과 연결되고 함께 살아가는 존재이기 때문입니다. 우리는 타인의 행복 속에서 나 자신을 다시 발견합니다. 이를 통해 우리의 삶이 단순히 개인적인 목표를 넘어 더 큰 의미와 가치를 가진다는 것을 깨닫게 됩니다.

또한, 공동체에 기여하는 행동은 나 자신에게도 보상을 가져다 줍니다. 단순히 다른 사람을 위해 시간을 쓰는 것처럼 보이지만, 사실은 더 나은 사람으로 성장할 기회를 얻는 것이죠. 도움을 주는 과정에서 우리는 공감 능력, 문제 해결 능력, 인내심 같은 중요한 인간적 가치를 배우게 됩니다. 이러한 경험은 우리의 삶을 더 풍요롭게 하고, 다른 사람들과 더 깊은 관계를 맺는 데도 도움을 줍니다.

결국 아리스토텔레스가 말한 자유인의 행동은 타인을 위해서뿐만 아니라, 자신을 위해서도 큰 가치를 가진다는 점에서 의미가 있습니다. 우리가 누군가를 위해 기여할 때 그 행동은 단순히 도움에 그치지 않고 나 자신이 더 나은 삶을 살 수 있는 계기가 됩니다. 그래서 공동체에 기여하는 자유인의 행동은 자신과 타인 모두를 행복으로 이끄는 가장 강력한 길이라 할 수 있습니다.

나 혼자만의 행복이 아닌, 다함께 행복해지는 길

지금까지 아리스토텔레스가 설명하는 자유인에 대한 세 가지 관점을 설명했습니다. 결론적으로 진정한 자유란 스스로 목적을 설정하고, 이성을 통해 그 목적을 판단하며, 공동체와 조화를 이루며 살아가는 데 있습니다.

현대 사회에서 진정한 자유를 되찾으려면 외부의 영향에 휘둘리지 않고 자신의 가치와 내면의 목소리에 귀 기울이며 행동해야 합니다. 아리스토텔레스가 강조한 자유인은 단순히 자신을 위해 사는 사람이 아니라 자신의 삶을 통해 공동체와 더불어 선을 실현하는 사람입니다.

이를 실천하기 위해 우리는 일상에서 자신이 진정으로 원하는 것이 무엇인지 성찰하는 시간을 가져야 합니다. 그리고 나의 목적이 외부에서 설정된 것이 아닌지 점검하며, 이성을 통해 더 나은 선택을 하는 습관을 만들어 가야 합니다. 플라스틱 사용을 줄이거나 지역 사회에 기여하는 작은 행동에서부터 시작해도 좋습니다. 이러한 작은 변화가 진정한 행복으로 가는 길을 열어 줄 것입니다.

아리스토텔레스의 철학은 과거의 이론에 머물지 않고, 오늘날 우리가 진정한 자유를 발견하고 실현하기 위한 실천적 지침을 제공합니다. 이제 우리 모두가 개인의 삶과 공동체의 행복을 동시에 실현할 수 있는 진정한 자유의 길로 나아가야 할 때입니다.

· 노예는 타인의 목적을 실현하기 위한 도구로 존재하지만, 자유 인은 자기 자신을 위해 존재하며 스스로 목적을 설정한다.
· 자유는 이성을 통해 판단하고 결정하며 실천하는 능력이다.
· 외부 권위에 지나치게 의존하는 것은 자유를 방해하며, 스스로 이성을 활용해 판단해야 한다.
· 자유는 개인적 이익을 넘어 공동체를 위해 기여하는 것이다.

겉으로 보이는 것보다
중요한 것은 내면이다
현실적 접근법

---◇---

행복은 적당한 정도의 외적인 좋음을 갖고서도
덕행을 수행하고 행복해질 수 있는 것이다.

《니코마코스 윤리학》

한 인터넷 커뮤니티에 자신이 40대 중반에 파이어족 Financial
Independence Retire Early (경제적 자유로 인한 조기 은퇴)의 꿈을 이뤘다
는 글이 올라왔습니다. 대학 졸업 후 20년 이상을 일하고 저축하
면서 재산을 모았고, 마침내 조기 은퇴를 한 것입니다.

그는 오랜 꿈이었던 시골 생활도 시작했습니다. 첫 몇 달 동안
은 정말 행복했다고 합니다. 매일 아침 느긋하게 일어나고, 그동
안 못 해 본 취미 생활을 마음껏 즐겼습니다. 시골의 평화로움도
좋았습니다. 하지만 시간이 지나면서 삶의 만족도가 점점 떨어지

기 시작합니다. 취미 생활도 재미가 없어지고, 시골 생활이 불편하기만 했습니다.

처음에는 자유로운 시간이 그저 행복할 줄 알았지만, 점점 자신이 무언가를 잃어버린 듯한 기분이 들었다고 합니다. 하루하루가 아무 의미 없이 흘러가는 것처럼 느껴지고, "내가 정말 원했던 게 이런 삶이었나?" 하는 생각이 머리를 맴돌면서 우울감도 느끼기 시작했습니다. 그토록 원하던 은퇴가 오히려 그를 불행하게 만드는 아이러니한 상황에 놓이게 된 것이죠.

보통 이런 이야기를 들으면 그래도 한국 사람은 "돈이 곧 행복이지" 하는 의견을 내놓을지도 모릅니다. 위와 같은 이야기는 정말 특수한 경우고, 보통은 돈이 넉넉하게 있는 게 행복에 있어 제일 중요하다고 이야기하곤 합니다.

특이하게도, 한국인에게는 돈이 최고라는 인식이 있습니다. 2021년 퓨처리서치 센터에서 전 세계 17개국을 대상으로 '인생에서 가장 가치 있는 것은 무엇인가'라는 조사를 했을 때 한국인은 '돈'을 1순위로 답변했습니다. 조사 대상국 가운데 대부분 나라는 가족 간의 관계를 가장 중요한 가치로 선택했음에도 불구하고 말이죠.

하지만 이어진 다른 조사에서는 또 다른 결과가 나왔습니다. 2022년 서울대학교에서 진행한 조사와 2019년 한국인의 행복과 삶의 질 실태 조사에서는 모두 '가족'이 1순위라고 나온 것입니다. 한국인들은 보통 돈이면 무조건 행복하다고 생각하는 줄 알았지만, 다양한 조사 결과를 보면 건강과 행복한 가정이 행복에서 가장 중요하다고 이야기하기도 한 것입니다. 아마 사람마다 다른 결론을 내릴 수 있는 문제겠지요.

반드시 필요하지만,
인생의 목표가 되어 버리면 안 되는 것

그렇다면 아리스토텔레스는 행복을 어떻게 생각했을까요?

"행복은 명백하게 추가적으로 외적인 좋음 또한 필요로 한다. 왜냐하면 일정한 뒷받침이 없으면 고귀한 일을 행한다는 것은 불가능하거나 쉽지가 않기 때문이다. 우선 많은 일은 마치 도구를 통해 어떤 일을 수행하는 것처럼 친구들을 통해 또 부와 정치적 힘을 통해 수행되기 때문이다."

《니코마코스 윤리학》

아리스토텔레스는 돈과 같은 외적인 요건에 대해 꽤 현실적인 입장입니다. 아리스토텔레스는 행복이 단순히 좋은 성품과 내면

적인 행복만으로 이루어지지 않는다고 생각했습니다. 그는 외적
인 요소도 현실적으로 매우 중요한 역할을 한다고 말하였습니다.
인간은 사회적 존재이기 때문에 돈, 친구, 건강과 같은 외적인 조
건들이 삶과 깊이 연결되어 있다고 보았습니다.

  아리스토텔레스는 이를 두고 "고귀한 일을 하려면 외적인 도움
도 필요하다"라고 하였습니다. 친구, 돈, 정치적 힘 같은 외적인
요소는 우리가 선한 행동을 실천하는 데 중요한 도구가 될 수 있
습니다. 부유한 사람은 어려운 사람들을 돕거나 기부를 통해 선
행을 실천하기 쉬우며, 정치적 힘이 있는 사람은 사회에 정의로
운 제도를 만들 수 있습니다. 반면, 이런 외적인 자원이 없다면
아무리 훌륭한 의도를 가지고 있어도 행동으로 옮기기가 쉽지 않
다는 점을 강조한 것입니다.

  현대 사회에서도 마찬가지입니다. 자본주의 사회를 살아가는
우리에게 돈과 같은 외적인 조건들은 어느 정도 필요합니다. 현
대 사회에서 돈은 먹고 자는 기본적인 생존뿐만 아니라, 일하고
배우는 모든 과정에서 인간의 존엄성과 삶의 질을 유지하는 데
중요한 역할을 하기 때문입니다. 아무리 내면적으로 성숙하고 좋
은 마음을 가진 사람이라도 기본적인 생활을 하지 못한다면 매우
힘든 인생을 살게 됩니다. 최소한의 인간다운 삶을 유지하기 위
해서라도 돈은 꼭 필요한 것이죠.

  또한, 돈은 우리 삶에서 자유와 선택의 폭을 넓힙니다. 예를 들

어, 안정된 수입이 있는 사람은 자신이 원하는 직업을 선택할 수
있고, 남는 시간을 활용해 자신만의 목표를 추구할 기회가 생깁
니다. 반면, 경제적으로 어려운 상황에 처한 사람은 생계를 유지
하기 위해 자신의 꿈이나 목표를 포기해야 하는 경우가 많습니
다. 결국, 돈은 단순히 물질적인 가치 이상의 의미를 가지며, 우
리가 더 나은 삶을 계획하고 실행할 도구로 작용할 겁니다.

　그렇다면 돈이 무조건 많으면 많을수록 행복하다는 이야기인
걸까요? 아리스토텔레스는 "그건 아니다"라고 확실하게 말합니
다. 왜냐하면 돈은 훌륭한 수단이지만, 그것이 우리의 최종 목적
이 되어서는 안 되기 때문이지요.
　돈이 있으면 집을 살 수 있지만 가정을 살 수는 없고, 고급 요리
를 살 수 있지만 진정한 만족감을 살 수는 없습니다. 삶의 가치를
이루기 위한 수단으로 돈을 활용할 때 우리는 더 나은 선택을 하
고, 더 풍요로운 삶을 만들어 갈 수 있습니다. 그래서 수단인 돈
에 지나치게 집착하게 되면 불행해질 수도 있습니다.
　돈이 우리에게 필요하다는 것은 알아야 하지만 돈이 곧 행복은
아니라는 것, 오히려 돈을 너무 앞세우는 인생은 불행해질 수도
있다는 것을 알아야 합니다. 돈이 지나치게 앞서는 삶은 우리의
시야를 좁게 만들고, 삶의 중요한 가치를 잃게 만들 위험이 있습
니다.

돈을 벌고 더 많은 것을 소유하려는 욕망이 삶의 중심이 되면, 우리는 자신이 가진 것에 쉽게 만족하지 못하게 됩니다. 인간의 욕망은 끝이 없기 때문이죠. 처음에는 1억만 모으면 될 것 같았지만, 1억을 모으면 10억, 10억을 모으면 100억이 갖고 싶어집니다. 이렇게 계속해서 더 높은 목표가 생기게 되는 것입니다.

욕망이 끝이 없는 이유는 우리의 본성이 끊임없이 더 나은 상태를 추구하도록 설계되어 있기 때문입니다. 인간은 기본적으로 현재의 상태에 적응하는 능력을 가지고 있는데, 심리학에서는 이를 '쾌락 적응hedonic adaptation'이라고 부릅니다. 어떤 목표를 이루거나 더 나은 환경을 갖게 되더라도 그것이 주는 만족감은 시간이 지나면서 점점 줄어든다는 이론입니다.

처음에는 새로운 차나 더 큰 집이 기쁨을 줄 수 있지만, 시간이 지나면 그것은 평범한 일상으로 변하고 우리는 점점 더 많은 것을 원하게 됩니다. 이 과정이 반복되면서 만족은 사라지고 더 큰 목표만 남게 됩니다.

욕망은 본질적으로 비교를 통해 생깁니다. 다른 사람과 자신을 비교하거나, 과거의 나보다 더 나은 상태를 원하는 것이죠. 처음에는 안정적인 직업과 월급이 행복의 기준이었다면, 어느 순간 주변의 더 많은 부를 가진 사람들을 보며 자신이 부족하다고 느끼기 시작합니다. 이러한 비교는 우리에게 목표를 만들어 주기도 하지만, 동시에 우리가 가진 것에 만족하지 못하게 만듭니다. 더 큰 집, 더 많은 돈, 더 높은 지위를 얻어도 비교 대상은 끝없이 늘어나기 때문에 욕망은 끝이 없습니다.

그래서 욕망은 우리가 이미 가진 것에 감사하지 못하게 만듭니다. 현재 가지고 있는 것들의 가치를 잊고, 아직 얻지 못한 것들에만 초점을 맞추게 됩니다. 좋은 직업과 안정된 생활을 가진 사람도 더 높은 연봉이나 더 멋진 직함을 가지지 못했다는 이유로 자신을 불행하다고 느낄 수 있습니다. 이러한 사고방식은 결핍감을 키우고 끝없는 스트레스를 유발합니다.

끝없는 욕망은 현재에서 행복을 느끼지 못하게 합니다. 가진 것에 감사하는 마음은 행복의 중요한 요소인데, 욕망이 커질수록 이 감사함을 느낄 기회가 줄어듭니다. 돈이나 소유물이 늘어나더라도 "이 정도면 충분하다"라는 만족감을 느끼지 못하면 끊임없이 더 많은 것을 추구하다 결국 심적으로 지칠 수밖에 없습니다. 이러한 상태는 행복감보다는 지속적인 불만족을 낳게 됩니다.

때로는 욕망이 우리를 더 나은 상태로 이끄는 동력이 되기도 합니다. 그러나 돈이나 외적인 것에 너무 집착하다 보면 삶의 본질을 왜곡할 수 있습니다. 우리가 이미 누리고 있는 것들의 소중함을 잊게 하고, 항상 부족함만 느끼도록 하며, 정말 중요한 것들이나 가치 있는 것들을 놓칠 수 있게 되기 때문이죠. 다시 말해, 가족과 보내는 시간, 건강을 돌보는 여유, 내면의 성장을 위한 활동들이 뒷전으로 밀리는 것입니다.

진정한 행복이 지녀야 할 두 가지 조건

대표적인 외적 요소인 돈은 기본적으로 불확실한 것입니다. 이 요소가 불확실한 이유는 그것이 우리의 통제 밖에 있는 요인들에 의해 크게 영향을 받기 때문입니다. 경제 상황, 건강 문제, 예기치 못한 사고나 자연재해와 같은 것들은 우리가 아무리 계획을 세우고 노력한다고 해도 예측하거나 완전히 피할 수 없습니다.

외적인 요소는 타인의 결정이나 사회 구조에 의해서도 크게 좌우됩니다. 오늘은 풍족하고 안정된 삶을 살고 있더라도, 내일 갑작스러운 실직이나 경제 위기로 인해 재정 상태가 급격히 나빠질 수 있는 것이죠. 예를 들어, 열심히 일해 번 돈이라도 그것이 투자된 주식 시장이나 부동산 시장의 변동에 따라 갑자기 줄어들 수 있습니다. 우리가 통제할 수 없는 외부 요인들이 우리의 재산이나 지위를 결정짓는 데 영향을 미치기 때문에 돈은 본질적으로 불안정한 기반을 가지고 있습니다.

아리스토텔레스는 이를 '행운'과 '불운'이라고 표현하며, 외적인 것들은 인간의 통제를 벗어난다고 말합니다. 기본적으로 인생의 운에 달려 있다는 것이죠. 오늘은 가진 것이 많다고 해도 10년 뒤에는 어떻게 될지 아무도 모릅니다. 이러한 불확실성 때문에 돈이나 외적인 것에 지나치게 의존하는 삶은 우리의 행복을 쉽게 흔들리게 만듭니다.

중요한 점은 이러한 불확실성 때문에 외적인 것들이 우리에게 의도치 않은 무거운 책임과 스트레스를 가져다줄 수 있다는 것입니다. 더 많은 부를 가질수록 이를 유지하기 위한 부담, 관리의 어려움, 또는 이를 탐내는 사람들로부터의 위협에 시달릴 가능성이 커집니다. 결국 외적인 요소는 많으면 많을수록, 집착하면 집착할수록 더 큰 안정감을 주는 것이 아니라 오히려 더 큰 불안을 초래할 수도 있게 되는 겁니다.

> "삶의 목적이 그들(외적인 요소)에 달려 있고, 많은 좋은 것들이 행운, 자연적인 우월성, 또는 불행한 사건에 의해 영향을 받아 행복하거나 불행한 상태가 되는 경우가 있기 때문이다."
>
> 《니코마코스 윤리학》

이러한 이유로 돈이나 외적인 요소를 삶의 중심에 두는 것은 위험할 수 있습니다. 돈이 우리 삶의 전부가 되어버릴 때 우리는 진짜 중요한 질문들, 즉 "내가 진정 원하는 삶은 무엇인가?", "나는 무엇을 위해 살아가는가?"를 생각할 기회를 잃게 됩니다.

예를 들어, 모든 에너지를 돈을 모으는 데 쏟아붓던 사람이 재산을 잃게 된다면, 그는 단순히 물질적인 손실을 넘어 삶의 정체성 자체가 흔들릴 수도 있습니다. 이는 행복의 기반을 외적인 것에만 두었을 때 발생하는 심리적 공허감과 좌절을 보여 줍니다.

더욱이 외적인 요소에 집착하면 집착할수록 내적인 성장을 소홀히 하게 되는 경향이 있습니다. 돈과 같은 외적인 요소는 일시적인 만족을 줄 수는 있지만, 그것이 우리 삶의 가치를 결정짓게 한다면 진정한 행복을 찾는 데 실패할 수 있습니다.

돈은 우리 삶을 더 풍요롭게 하고 원하는 목표를 이루는 데 중요한 '도구'입니다. 안정된 수입과 재정적 여유는 우리가 더 많은 선택을 하고 자유롭게 삶을 설계할 수 있게 도와줍니다. 하지만 돈이 삶의 중심이 되고, 그것에 지나치게 집착하게 되면 오히려 불안과 스트레스의 원인이 될 수 있습니다. 외적인 요소는 본질적으로 불확실하며 우리의 통제를 벗어난 경우가 많기 때문입니다. 아리스토텔레스의 말처럼 외적인 조건은 도구로서 필요하지만, 그것이 인생의 궁극적인 목적이 되어서는 안 되는 것입니다.

진정한 행복은 내적인 덕과 가치에서 비롯됩니다. 돈은 우리의 필요를 채워 주고 목표를 이루는 수단일 뿐, 그것 자체가 행복의 전부는 아닙니다. 이미 가진 것에 감사하고, 가족, 건강, 내면의 성장을 소중히 여길 때 비로소 흔들리지 않는 안정감과 충만함을 느낄 수 있습니다. 외적인 조건과 내적인 가치를 균형 있게 추구하며 삶의 본질을 놓치지 않는 태도가 진정한 행복으로 가는 길임을 기억해야 합니다.

"그렇긴 해도 비록 외적인 좋음들이 없이 지극히 복될 수는 없다

고 하더라도, 장차 행복하게 되기 위해 많고 큰 것들이 필요하다

고 생각해서는 안 된다. 자족이나 행위는 지나침에 의존하지 않으

며 (중략) 행복은 적당한 정도의 외적인 좋음을 갖고서도 덕행을

수행하고 행복해질 수 있는 것이다."

《니코마코스 윤리학》

· 아리스토텔레스는 인간이 사회적 존재이기에 돈, 친구, 건강 등
  외적 요건이 선행 조건으로 필요하다고 보았다.
· 아리스토텔레스에 따르면, 돈은 수단이지 목적이 되어서는 안
  된다.
· 진정한 행복은 내적인 덕과 가치를 통해 이루어지며, 외적인 조
  건과 내적인 성장을 균형 있게 추구해야 한다.
· 행복은 우리가 이미 가진 것에 감사하며, 내면의 성장과 가족, 건
  강, 관계를 소중히 여길 때 비로소 찾아온다.

단단한 행복을 누리는 삶

요즘 시대에서 '행복'이라는 단어를 말하는 게 왠지 꺼려지는 분위기가 느껴집니다. 사람들은 바쁜 일상과 끝없는 경쟁 속에서 살며 쉽게 행복이라는 단어를 떠올리지 못합니다. 과도한 업무와 책임감에 짓눌려 행복이란 단어는 현실과 동떨어진 허상처럼 느껴지기 때문입니다. 행복을 논하는 순간조차 "이런 얘기를 할 여유가 어디 있나?"라는 생각이 앞서는 것 같습니다.

또한, 소셜 미디어에서의 행복한 모습은 우리에게 행복을 더 낯설게 만듭니다. 다른 사람들의 완벽해 보이는 삶과 비교하며 자신을 초라하게 느끼는 순간, 행복은 도달하기 어려운 이상처럼 느껴지기도 하죠. 그런 맥락에서 행복이라는 단어는 현실감 없는 사치처럼 보일 때도 있습니다.

이러한 시대를 살고 있는 우리에게 아리스토텔레스가 전하는 행복에 대한 생각은 분명한 진리를 전달합니다. 행복이란 내가 인생을 살아가면서 했던 모든 선택과 행동의 결과이며, 인생 마지막 순간까지 계속해서 추구해야 한다는 것을 말이죠.

아리스토텔레스는 행복이 정적인 상태가 아니라 지속적인 활동이라는 점을 분명히 했습니다. 그는 행복을 마치 운동선수가 목표를 향해 끊임없이 훈련하며 성장하는 것에 비유했습니다. 우리가 매일의 삶 속에서 자신을 돌아보고, 더 나은 선택을 하고자 노력할 때 비로소 행복에 가까워질 수 있습니다.

물론, 이런 삶의 방식은 쉽지 않습니다. 행복에 이르는 길은 단순한 쾌락을 추구하는 것보다 훨씬 더 어렵고, 때로는 고통스러울 수 있습니다. 그러나 이러한 노력이야말로 인간다운 삶을 가능하게 하고, 삶의 진정한 의미를 찾게 한다고 아리스토텔레스는 말하고 있습니다.

현대 사회에서도 우리는 끊임없이 선택의 기로에 서게 됩니다. 무엇을 공부할 것인가, 어떤 직업을 선택할 것인가, 또는 가족과 친구들과의 관계에서 어떤 태도를 취할 것인가와 같은 질문들은 우리의 삶을 형성하는 중요한 결정들입니다. 이때 아리스토텔레스의 '중용'은 중요한 길잡이가 될 수 있습니다. 극단에 치우치지 않으며, 자신의 이성과 경험을 활용해 가장 적절한 결정을 내리는 것이 바로 지혜로운 삶의 핵심이기 때문입니다.

그리고 또 한 가지 잊지 말아야 할 것은 우리 인간은 사회적 동물이라는 점입니다. 사람들과의 관계 속에서, 내가 살고 있는 사회와 내가 연결되어 있다는 것은 나의 인생을 더 풍요롭게 만들어 주는 중요한 요소 중 하나입니다. 좋은 친구와 가족, 그리고 신뢰와 애정을 나눌 수 있는 관계는 그 자체만으로 삶을 더 고귀하게 만들어 주기 때문이죠.

이처럼 아리스토텔레스의 가르침은 단순한 철학적 사유를 넘어, 우리의 일상에 깊이 스며들어 있습니다. 그가 말한 행복은 단지 추상적인 개념이 아니라, 오늘을 살아가는 우리 모두가 실천할 수 있는 삶의 지침입니다. 이 가르침을 마음에 새기고, 우리의 선택과 행동에 반영한다면, 행복은 더 이상 멀리 있는 목표가 아니라, 바로 지금 여기에서 시작될 수 있을 것입니다.

이 책이 출간되기까지 많은 도움을 주신 '양작가의 철학서재' 구독자님들과 유노책주 김세민 팀장님께 감사를 드립니다. 그리고 언제나 나의 첫 번째 독자가 되어 주는 사랑하는 아내와 존재 자체만으로도 힘이 되어주는 두 아들에게도 사랑과 감사의 인사를 전합니다.

| 참고문헌

· 김나영. (2016). 아리스토텔레스의 행복론에서 관조적 삶과 실천적 삶의 관계에 대한 연구. 한국교원대학교대학원 석사학위 논문.
· 김은주. (2016). 소크라테스의 대화법과 교육적 시사: 플라톤《향연》을 중심으로. 경성대학교 석사학위 논문.
· 김태우. (2019). 아리스토텔레스의 《대윤리학》에 나타난 외적 좋음과 행복에 관하여. 철학논총, 113, 167-192.
· 김태우. (2020). 소크라테스 대화법을 응용한 앎, 깸, 삶 대화법에 관한 연구: 조직 몰입 효과를 중심으로. 서울대학교 박사학위 논문.
· 김태준. (2012). 아리스토텔레스의 행복(eudaimonia)에 관한 고찰:《니코마코스 윤리학》을 중심으로. 고려대학교 교육대학원 석사학위 논문.
· 김태준. (2022). 아리스토텔레스의 행복(eudaimonia)과 외적 좋음의 관계에 대한 고찰. 철학연구, 118, 177-208.
· 김혜영. (2016). 니코마코스 윤리학에 나타난 아리스토텔레스 지행론의 교육학적 해석. 한국교원대학교 석사학위 논문.
· 노아연. (2021). 팀 기반 학습에서 퍼실리테이터의 역할 규명에 관한 연구: 아리스토텔레스의 실천적 지혜를 중심으로. 한양대학교 석사학위 논문.
· 손병석. (2017). 아리스토텔레스의 행복(eudaimonia)과 외적 좋음의 관계에 대한 고찰. 철학연구, 118, 177-208.
· 손병석. (2022). 아리스토텔레스에 있어서 분노와 용서의 감정 -온화함(praotēs)과 용서(syngnōme), 그리고 악인의 용서 문제를 중심으로-. 철학, 150, 53-78.
· 아르투어 쇼펜하우어. (2019). 의지와 표상으로서의 세계(홍성광역). 을유문화사.
· 아리스토텔레스, 포르퓌리오스. (2023). 범주들, 명제에 관하여, 입문(김진성역). 그린비.
· 아리스토텔레스. (2016). 형이상학(이종훈역). 동서문화사.
· 아리스토텔레스. (2018). 니코마코스 윤리학(천병희역). 숲.
· 아리스토텔레스. (2020). 수사학(박문재역). 현대지성.
· 아리스토텔레스. (2021). 시학(박문재역). 현대지성.
· 아리스토텔레스. (2022). 니코마코스 윤리학(박문재역). 현대지성.
· 아리스토텔레스. (2024). 정치학(박문재역). 현대지성.

· 아리스토텔레스. (2024). 형이상학(박문재역). 현대지성.
· 애들러, 모티머J. (2022). 모두를 위한 아리스토텔레스(김인수역). 마인드큐브.
· 에리히프롬. (2017). 소유냐 존재냐(황문수역). 문예출판사.
· 오창환. (2015). 서양 철학 전통에서 자기애의 문제: 아리스토텔레스와 아우구스
  티누스를 중심으로. 감성연구, 10, 147-189.
· 오현석. (2020). 아리스토텔레스 윤리학에서 필리아(philia)의 의미: 바람
  (boulesis)과 관조(theōria)를 통한 공통형의 형성을 중심으로. 서울대학교 석사
  학위 논문.
· 유원기, 이창우. (2016). 인생 교과서 아리스토텔레스. 21세기북스.
· 윤대열. (아리스토텔20레23스). 《니코마코스 윤리학》에 나타난 무감각과 그 용례
  를 통한 절제의 이해. 철학논총, 113, 167-192.
· 임마누엘칸 트. (2016). 순수이성비판(정명오역). 동서문화사.
· 장미성. (2020). 아리스토텔레스의 건강과 행복. 대동철학, 92, 367-387.
· 장미성. (2022). 아리스토텔레스의 우정론: 《니코마코스 윤리학》 8, 9권을 중심
  으로. 철학사상, 83, 71-90.
· 장영란. (2016). 플라톤과 아리스토텔레스에 나타난 철학 상담의 원형. 철학논총,
  32, 129-154.
· 장재형. (2024). 플라톤의 인생수업. 다산초당.
· 전헌상. (2008). 아리스토텔레스의 아크라시아론. 철학사상, 30, 37-67.
· 전헌상. (2022). 자유인다움과 여가: 아리스토텔레스의 시민교육론의 철학적 기
  초. 철학사상, 83, 81-111.
· 정영기, 이용수. (2022). 민주시민교육의 철학적 기초 연구: 절제 개념을 중심으
  로. 인문과예술, 13, 119-138.
· 존스튜어트밀. (2018). 자유론(박문재역). 현대지성.
· 플라톤의 이데아론을 바탕으로 아상블라주기법을 활용한 아트메이크업 작품 제
  작. (2020). 서울예술대학교 석사학위 논문.
· 하병학. (2023). 언어폭력, 언어 조작 그리고 거짓말 -아리스토텔레스의 에토스를
  중심으로. 수사학, 48, 179-207.
· 홍철민. (2022). 아리스토텔레스의 《니코마코스윤리학》에 나타난 중용의 교육적
  의미. 한국교원대학교 석사학위 논문.

아리스토텔레스에게 배우는 행복에 관한 철학 수업

단단한 행복

© 양현길 2025

인쇄일 2025년 1월 22일
발행일 2025년 1월 29일

지은이 양현길
펴낸이 유경민 노종한
책임편집 김세민
기획편집 유노책주 김세민 이지윤 **유노북스** 이현정 조혜진 권혜지 정현석 **유노라이프** 권순범 구혜진
기획마케팅 1팀 우현권 이상운 **2팀** 이선영 김승혜 최예은 전예원
디자인 남다희 홍진기 허정수
기획관리 차은영
펴낸곳 유노콘텐츠그룹 주식회사
법인등록번호 110111-8138128
주소 서울시 마포구 월드컵로20길 5, 4층
전화 02-323-7763 **팩스** 02-323-7764 **이메일** info@uknowbooks.com

ISBN 979-11-7183-084-8 (03160)